苏轼税收思想与实践

徐　萍　刘金科　主编

中国税务出版社

图书在版编目（CIP）数据

苏轼税收思想与实践/徐萍，刘金科主编．--北京：中国税务出版社，2022.7

ISBN 978－7－5678－1265－9

Ⅰ．①苏…　Ⅱ．①徐…②刘…　Ⅲ．①苏轼（1036－1101）－税收管理－经济思想－研究　Ⅳ．①F812.944.1

中国版本图书馆 CIP 数据核字（2022）第 133083 号

书　　名：苏轼税收思想与实践
作　　者：徐　萍　刘金科　主编
责任编辑：孙晓萍　刘　璐
责任校对：姚浩晴
技术设计：刘冬珂
出版发行：中国税务出版社
北京市丰台区广安路 9 号国投财富广场 1 号楼 11 层
邮政编码：100055
网址：https://www.taxation.cn
投稿：https://www.taxation.cn/qt/zztg
发行中心电话：（010）83362083/85/86
传真：（010）83362047/48/49
经　　销：各地新华书店
印　　刷：北京天宇星印刷厂
规　　格：787 毫米×1092 毫米　1/16
印　　张：12
字　　数：167000 字
版　　次：2022 年 7 月第 1 版　2022 年 7 月第 1 次印刷
书　　号：ISBN 978－7－5678－1265－9
定　　价：40.00 元

《苏轼税收思想与实践》
编委会

前　　言

在中国文化历史上，名士无数，如天上繁星，苏轼无疑是其中最特别的一位。他以其深邃的哲学思想、卓著的政治实践、辉煌的文学成就和丰富的人生体验，成为“百科全书式”的跨界全才。

一直以来，世人对苏轼的研究，多侧重于他的文学、书画、美食及人生态度、思想内涵等方面，而对他的税收思想研究甚少，而这值得大家去挖掘、整理、传承、弘扬。苏轼科举成名后，虽然多次被贬谪、跌宕起落，但他始终抱有爱民报国的情怀。“为官重在理财，理财必先治税”的税收思想，也散见于他的散文、奏札、策论、书信及他人记述中，虽历经千年，仍闪耀着光芒。

为深入、系统地研究苏轼税收思想与实践，并填补苏学研究的空白，“三苏故里”四川眉山的税务人主动扛起研究苏轼税收思想的大旗，很早就对苏轼税收思想研究的课题进行了立项。2018年，国家税务总局眉山市税务局面向全国广大苏学爱好者发出了共同研究苏轼税收思想的邀约，邀请大家参与苏轼税收思想研究工作，并得到了国内众多苏学研究者和爱好者的热情响应和积极参与，从不同的视角探讨了苏轼的税收主张。

2019 年，眉山市税务局牵头主办了“苏轼税收思想研讨会暨减税降费与开放发展对话”活动，来自全国各地的税收研究专家学者、广大苏学研究者和爱好者、企业家代表及税务主管部门领导、税务工作人员齐聚一堂，共话苏轼税收思想，共商减税降费与开放发展。

研讨会上，王力（国家税务总局原副局长、中国国际税收研究会顾问）、张崇明（四川省国家税务局原局长、四川省注册税务师行业协会会长）、秦凯（国家税务总局税收科学研究所原副所长）、张兵（国家税务总局四川省税务局原党委副书记、副局长）、周春云（国家税务总局四川省税务局党委委员、总审计师）、罗元义（四川省国际税收研究会会长）等领导到会指导，安明友、乔云峰、谢仿贤、李成君、谭敦容、喻世华、徐培富、许崇善、王晋川、刘清泉、彭林泉、王仿生、余红艳、阚明娜、周铁山、胡先酉等苏学专家学者分享了苏轼税收思想的最新研究成果，以及苏轼税收思想对当前税收工作的启示意义。新华社、《经济日报》《中国税务报》等多家主流媒体对研讨会进行了跟踪报道，引起了极大的社会反响。这让我们看到了社会各界对苏轼税收思想研究的热忱关注，看到了我们一直以来不遗余力弘扬东坡文化的使命和价值，坚定了我们继续坚持不懈深入研究苏轼税收思想的决心和勇气。

随后，眉山市税务局决定与中央财经大学共同成立课题组开展相关研究。眉山市税务局原局长徐萍、中央财经大学教授刘金科共同担任课题组组长，眉山市税务局副局长卓玉梅、副局长王林、二级高级主办肖山担任副组长，眉山市税务局阚洪、马骥、蒋凌、李恒、詹静、宋兰，以及中央财经大学邓明欢、刘天颀、王凯羿、隋乐平、黄汝红、沙怡秀、晁颖、王梦雅、何君荷、张铃佼等为课题组成员，四川省眉山市税务学会、四川省眉山市国际税收研究会积极参与，共同广泛搜集苏轼治税理财资料，在2021年8月形成初稿后，课题组对书稿又进行了多次修订和完善，最终汇集成本书。特别感谢薛丽楠、郭佳怡、王玉齐、甄雨天、吴彬桢、王策勋、周宇翔、张旭鸽、游若彤、王严、包可昕、成志屿、王姝颖、赵雪彤、杨诺、姚睿知、任蕊等同学对书稿进行了史料复核。

本书是“苏轼税收思想研究”课题的阶段性研究成果，填补了苏学研究的空白，开辟了税收研究新视角。这项研究成果首次明确了“苏轼税收思想”的丰富内涵，探寻了“东坡文化”与“税收文化”的渊源关系，实现了传统文化与现代文化的对话。我们坚信，本书一方面有助于拓展苏学研究的广度、深度，进一步弘扬东坡文化；另一方面亦有助于为推动税收现代化建设提供积极的借鉴。

不忘本来才能开创未来，善于继承才能更好创新。在新的历史条件下，我们既要认真研究和吸收历史上行之有效的治税理念和实践，传承中华民族优秀传统文化，做到古为今用；更要以习近平新时代中国特色社会主义思想为指导，不断攻坚克难，创新发展，奋力开启高质量推进新时代税收现代化建设的新征程。

编　者

2022年1月

目　　录

第一章　苏轼税收思想缘起

苏轼是北宋著名文学家、政治家，是一个“百科全书式”的人物，具有安邦治国的才略。他一生遵循儒家以德治国的“民为邦本”思想，积极用世，主张对现实中的种种弊端进行改革。他的税收思想把“民”放在第一位，处处考虑“裕民”“泽民”。每个人的思想和行为都不可避免地会打上时代的烙印。北宋是中国历史上商品经济、文化教育和科学创新高度繁荣的朝代，苏轼跌宕起伏的人生经历对其税收思想产生了重要影响。

草蛇灰线，伏脉千里。本章通过简要概述北宋经济社会的基本情况和苏轼丰富的人生经历，探讨苏轼税收思想缘起。

第一节　北宋经济社会概览

北宋（960—1127 年）是中国历史上一个非常重要的朝代。公元 960 年，赵匡胤称帝开国，至靖康二年（1127 年）北宋结束，共传九位皇帝，享国 168 年。北宋最显著的特点是政治开明，重文轻武，商品经济比较发达，文化教育和科技创新非常突出。陈寅恪曾言：“华夏大地的文化，历经了数千年的演变和发展，顶峰时期是在宋朝。”

一、北宋政治经济社会情况

苏轼所处的时代为北宋中晚期，积贫积弱是当时的时代特征，呼吁改革、寻求发展是当时朝廷官员从上至下的追求，也是老百姓的热切期盼。在这样的朝代走来了一位文人苏轼，也是这样的时代成就了一代文人苏轼。

1. 强干弱枝和守内虚外的政治局面

政治上，北宋的政治体制大致沿袭唐代的制度。宋太祖赵匡胤建立北宋后，以“杯酒释兵权”解除了武将的兵权，又以“禁旅更代”消除了地方的威胁。为了加强中央集权，又防止一个人独揽大权，在皇权、相权之间，专门设立了台谏，构成宋代朝廷皇权、相权、台谏之权“铁三角”，三者互相限制，又互相倚恃。同时，为了限制官吏的权力，宋太祖不断增设机构，在朝廷除了设宰相，还设副宰相，宰相和副宰相各管一块，防止宰相专权。官职的增设，导致机构臃肿，人浮于事，效率低下，冗员繁多，“冗官”现象突出。

军事上，宋太祖在“杯酒释兵权”后，开始推行雇佣兵制度，并通常委任文官主持军务。雇佣兵制度的推行，致使士兵数量迅速增加，逐渐形成“冗官耗于上，冗兵耗于下”的局面。然而，官多而不勤，兵众而不精。行政效率低下，自然会使国势不振，在对外关系上长期处于被动屈辱的境地，此为“冗兵”。王士禛在《池北偶谈》卷三“宋官制”中说：“宋初至元丰以前，官制最为繁猥，六部九寺皆为空官，特以寄禄秩、序班位，而别以他官判职事。”

外交上，弱国无外交的现象十分明显。不但采取和亲政策，而且采用纳币求和。比如，西北边境辽夏进逼，宋朝纳币妥协，致使国防和财政出现危机。苏轼在《思治论》中指出，“今世有三患”“财之不可丰，兵之不可强，吏之不可择”①。纳币求和固然使边境得到暂时的安宁，然而百姓的负担却更加繁重。

---

① 复旦大学，上海财经大学．中国古代经济简史［M］．上海：上海人民出版社，1982.

2. 空前发达和多元发展的商品经济

宋代的经济发展主要体现在农业、手工业和商业方面。农业总产量随着土地形式和耕作器具的优化而不断上升，百姓能够安居乐业；手工业伴随着经济重心南移完成后得到进一步发展，种类不断丰富，瓷器、造船、造纸和丝织等工艺不断精进；商业方面突破唐朝在时间和空间的限制，货币得到了深远的发展。相比唐代而言，宋代占地面积小得多，在人口数量、粮食产量、手工业、农业等产业方面，宋代比盛唐还发达。与同时代的辽、西夏相比，宋代属于发达的社会。宋代商品经济的发展为后世打下了深厚的基础。

在农业方面，宋代的农业耕种产量和耕种形式比以往任何时期都有更为深远的发展。在宋代以前，农作物大多产于平原地区的土地，但是宋代出现了各种形式的新型土地。梯田的出现扩大了农业的耕种面积，将海边淤泥地用作耕田则充分利用了荒废的土地，使宋代粮食产量大幅提高。此外，农业器具也在宋代得到了发展。踏犁、秧马等新工具的出现使得农产品的产量取得了大幅增长。北宋农业的发展，最直接的作用是让经济得到了稳定，百姓能够安居乐业。

在手工业方面，宋代的手工业达到了古代工业文明的巅峰。唐中期，经济重心开始南移，到北宋时进一步南移。宋代手工业领域分布多样，印刷、造纸、造船、陶瓷等手工业积极发展。宋代的瓷器不仅产量全面提高，而且技术得到了加强，民窑也随处可见。近现代以来亚非地区也出土了宋代的瓷器，说明当时宋代的瓷器不仅成为中国与其他国家沟通的贸易商品，而且成为中国与其他国家沟通的“名片”。宋代的丝织品不仅种类繁多，而且工艺越发精湛……由此可见，宋代的手工业在各方面都取得了长远进步。

造纸术作为我国古代的四大发明之一，在宋代取得了巨大的发展成就。纸张的大量生产和活字印刷的发明为印刷业的繁荣奠定了基础。宋朝的印刷业分为三个体系：官刻系统的国子监所刻的书被称为监本；民间书坊所刻的书被称为坊本；士绅家庭自己刻印的书籍属于私刻版本。在宋代，大部分书本都是在东京、临安、眉山、建阳、广都等地进行印刷的，这也为我国各大文学著作的流传做出了巨大的贡献。当时，有的地方印刷业以质量取胜，例如质量最佳的浙本，次之为蜀本；有的地方印刷业以数量取胜，例如福建的建本，其中建阳麻沙镇的印刷数量最多，世人称为麻沙本。自此之后，北宋社会上流行起刻书的风气。宋朝的雕刻书籍以其精美的纸墨、疏朗的版式、圆润的字体、精湛的工艺、罕见的传世之物和无价之宝而闻名，在历史中也是极具代表性的。

在商业方面，宋代的市场体系更为发达，极大促进了商品的生产和交换。与唐代相比，宋代商品经济的发展突破了“市”与“坊”的界限，唐代店铺仅限于“市”，而宋代的“坊”中也存在着交易市场；宋代商品经济还突破了“白天”和“夜晚”的界限，宋代之前，大部分的交易市场只存在于白天，而宋代的城市中逐渐有了夜市；此外，宋代的商品经济也突破了“城”和“乡”的界限，在农村地区有大量的市场交易，有效地加强了城乡之间的联系。宋代商业繁荣，常见货币为铜钱和白银。在太宗时期，“每年铸造 80 万贯钱币，而在神宗熙宁六年，已经达到 600 多万贯”①。由于商品的进口，宋朝大量的铜钱和白银流出本国市场，转而流向国外的市场，导致宋朝铜钱和白银短缺。在真宗时期，由于先前在市场交易中使用的铁钱太过沉重且不方便携带，阻碍了商品经济的发展，所以成都的 16 个富裕家族主持印刷了一种纸币。这种纸币轻巧，方便携带，用来在市场交易中取代四川之前使用的铁钱，而这也是世界上最早的纸币。② 仁宗后将纸币印刷改为由官府印刷，并定期限额发行，这在某种意义上也承认了纸币在市场中的合法地位。徽宗时期，改交子名为钱引，并扩大流通领域。

综上所述，北宋的商品经济空前发达并衍生出了与商品经济有关的一系列物品，迸发出惊人的经济活力。宋代活跃的商品经济也为我国后世历朝历代商品经济的发展奠定了十分坚实的基础。

---

① 班固．食货志［M］．北京：商务印书馆，1936.

② 复旦大学，上海财经大学．中国古代经济简史［M］．上海：上海人民出版社，1982.

3. 百花齐放和名人辈出的文化盛世

整个宋朝，都是一个重文轻武的社会，属于中国文化历史中的文化丰盛时期。在宋代，理学、文学、史学、艺术和科学技术领域硕果累累，特别是宋词，更是得到了突飞猛进的发展。完善为筛选官员而建立的科举考试，既有助于人才的选拔，又促进了中国教育制度的发展。中国古代四大发明中的三大发明在北宋得到广泛应用：火药的应用推动了火药作坊和兵器作坊的发展；印刷术的应用推动了印刷行业的发展，印刷品的广泛传播又促进了民间文学的交流与对艺术的鉴赏；指南针应用于航海推动了造船业和对外贸易的发展。

宋学在对古代儒家经典的探索中，形成了与汉学截然不同的新思想、新方法、新学风，摆脱了汉儒以来章句研究的束缚，注重现实性、实用性和实效性，不仅开创了学术探索的新局面，而且将学术探索与社会实践相结合，试图在社会变革中展现经世济用之学的风采，显示出其强大的生命力和突出的特色。从创始到发展阶段，即从范仲淹到王安石，宋学一再将经世济用的经典作品运用到社会实践中。其实，这是顺应儒家所推崇的“内圣外王之道”的最高理想。这不是空话，而是付诸社会实践的。

谈到宋代的文化，就不得不说宋代的词和散文。宋词方面，《全宋词》记载了1300多名词人和19900多部作品，可以想象当时宋词的繁荣程度和普及程度。其中，苏轼的词就非常有名，特别是《东坡乐府》，借助当时成熟的印刷技术，被印制成书本广为传播，并流传后世。在散文方面，唐宋八大家代表人物中，宋代占六位，包括欧阳修、苏洵、苏轼、苏辙、王安石和曾巩。他们各具风格，促成了宋代散文的繁荣。

在意识形态方面，随着政局的稳定和经济的复苏，加上施行重文轻武的政策，文人的地位和文化修养逐步提高，诗风走向雅致，倾向于用文字抒发深邃细腻的情感。学者们的思想变得越来越正直，越来越兼具思想家和政治家的风范，批判的现实主义越来越明显。苏轼等人认为，高尚的诗歌应该来源于知识，而知识不仅来源于书本，也来源于个人修养。他们的作品不仅反映了情感，而且反映了他们对事物的洞察力。他们不过多注重表现形式和技巧，而是注重个人思想和艺术个性。

二、北宋税收制度概观

税收，是一个国家为了向社会提供公共产品、满足社会共同需要，凭借政治权力，无偿地、强制地取得财政收入的一种形式，具有固定性、强制性、无偿性的特点。在中国人的眼中，“普天之下，莫非王土；率土之滨，莫非王臣”。在西方人眼中，人一生有两个不能避免：一是死亡，二是税收。宋代的财税体制，形成了农业收入和工商业收入并驾齐驱的财税结构。

1. 税收征管机构复杂重叠

宋代的中央税收机构几经调整，但总体上仍然由三司主管。北宋在四路（开封府、河南府、应天府、大名府）设“都商税院”，其他路由转运使负责；在各州、府没有专门的税收征收机构，由知州主管，通关兼管。县一级设置征收税务或税场，负责征收商税。

2. 税种繁多且税制完善

宋代的税收由两税及附加和商税组成，看似简单，实则比较繁杂。农业税方面，除了两税外，还要征收多项农业附加，如义仓税、头子钱、支移钱、肢钱、勘合钱、和买等。工商税方面，继承了唐代商税的教训，力图将工商税收的征收行为制度化和法制化。北宋初，太祖“诏榜《商税则例》于务门，无得擅改更增损及创收”，即是指将《商税则例》公布在商税务的门前。《商税则例》的公布，表明北宋在一开始就有了正式的商税法规，首先从制度层面上理顺了宋代商税征收的运行机制，标志着中国历史上首次形成了一个系统的商税征收制度（《商税则例》）。在众多税种中，工商税制不断完善，工商税在财政收入中的地位日渐重要。

3. 赋税收入规模较大

在宋代赋税收入中，虽然两税及附加占大头，但是专卖收入、商税、矿税等收入也占了相当大的比重。根据《文献通考》记载，太宗至道末年，农业税占65%；真宗天禧末年，农业税占48%；神宗熙丰年间农业税占30%，即财政收入2/3以上来自农业两税以外的赋税。在税额方面，宋代疆域范围远远小于唐代，但赋税收入却远远大于唐代。《建炎以来朝野杂记·卷十四甲集》中记载："国朝混一之初，天下岁入缗钱千六百余万，太宗以为极盛，两倍于唐室矣。"这是北宋建国初期财政中的缗钱收入。《九朝编年备要（卷九）》特别说明北宋至道末年税收是"天下两税岁收"，此外有"上供钱一百六十九万贯、绢一百七十万匹、金一万四千两、银三十七万两，又榷利所获总一千一百万贯"[①]。这里的上供钱、绢、金、银都是指两税外解送中央的财赋，而两税与两税外收入合计至少有八千余万单位。这就是说，宋代初期的国家税收是唐代初期的2倍，而税收最高时达到了唐代的9倍之多，税收收入接近7000万贯。与此同时，北宋每年交给西夏、辽的岁币支出巨大，因此赋税成为支撑宋代国家机器正常运转的重要政策手段，历代统治者都对赋税政策与制度给予了高度重视。

4. 赋税结构以土地收益的间接分配为主

中国属于农业社会，国家长期以来都是依托土地来征税。宋代的赋税制度，仍然是建立在地租基础上的再分配，是集中化的地租。因此，两宋的赋税，主要是来自农业两税、商税和禁榷收入，此外还有数量众多的杂税和附加税。两税是对土地产权所有者征收地税，其征税对象既包括地主，也包括自耕农和半自耕农，但随着土地兼并的不断加速，佃户不断增加，有田不缴税、无田税收负担重的现象越来越普遍。

5. 赋税形式发生变化

过去，中国的赋税一是以实物形式上缴朝廷，二是直接服徭役。徭役就是到了一定年龄的成年男子，须无偿到军队服役，或者到政府部门参与相关社会事

① 宋朝丽．宋代赋税政策与制度的历史变迁［J］．兰台世界，2013（9）．

务的管理、公共工程建设等。除了个别特殊情况以外，人人都必须参与。所以说，徭役实质上是与赋税一样的。唐代以前，一般劳动者最痛苦的是征调无时、调发无度的徭役。这些徭役，“或以起军旅，则执干戈、胄锋镝而后谓之役”，既包括百姓无偿为国家充任一定期限的兵卒，也就是或驻守地方，或防戍边防，或自带兵器，或自备干粮的兵役；“或以营土木，则亲畚锸、疲筋力然后谓之役”①。演及宋代，虽然从国家法律规定上百姓仍然有服徭役的义务，但逐步由差役向免役转变。免役法下，国家陆续规定可以以钱代役，各类徭役也开始了向以钱代役（代役税）转化的过程。如夫役中的河夫，先是由准许离服役地点过远的地区“不可使民间一一亲行，故许民纳钱，以充雇直”②，逐步发展到“河北、东京、淮南等路出赴河役者，去役所七百里外，愿纳免夫钱者听从便”③，“京东、河北五百里内差夫，五百里外出钱雇夫”④，再演变为“准敕五百里外方许免夫，自来府界黄河夫多不及五百里，缘人情皆愿纳钱免行，今相度，欲府界夫即不限地理远近，但愿纳钱者听”⑤，最后确定为“凡河堤合调春夫，尽输免夫之直，定为永法”⑥。这样，就将纳钱免役制度化，从而确立了劳役向赋税的过渡和转化。由此可以看出，宋代徭役征调的大趋势反映了由劳役向赋税的制度变迁。

第二节　苏轼人生经历概观

苏轼一生仕途坎坷，这与北宋的政治背景和党派斗争密不可分。但也正是因为其生平经历，使他能够更加直接地体会到百姓生活的压力，在体察社会民

---

① 马端临．文献通考［M］．北京：中华书局，2018.

② 苏辙．栾城集［M］．上海：上海古籍出版社，2009.

③ 李焘．续资治通鉴长编［M］．北京：中华书局，2004.

④⑥ 脱脱．宋史［M］．北京：中华书局，1977.

⑤ 徐松．宋会要辑稿［M］．北京：中华书局，1957.

情的过程中不断增强对儒家民本思想的理解和认识。

苏轼（1037—1101 年），字子瞻，自号东坡居士，所以世人又称之为苏东坡，谥号“文忠”，汉族，眉州眉山（今四川省眉山市）人，唐宋八大家之一。苏轼出生时正值宋代仁宗时期，仁宗体恤民情，在位时国家政治稳定，经济文化繁荣昌盛，创造了“仁宗盛世”。苏轼就出生于这样的大环境中，其青少年时期的生活比较安定富足。苏轼一生历经仁宗、英宗、神宗、哲宗四个时期。千年来，上至达官贵人，下至平民百姓，无一不对苏轼充满敬仰、传诵、怀念。用林语堂的话说：“像苏东坡这样的人物，是人间不可无一难能有二的。”多年来，人们不断地研究苏轼，形成了一种特有的“东坡文化”。而苏轼对税收的贡献，他的税收情怀，也值得今天的税务工作者去研究、思考、分析和借鉴。苏轼的伟大，除了时代的造就、本人的努力，也离不开家人的教育、培养和亲友的支持、关爱。

一、家世背景——苏氏家风传天下

1. 其父苏洵——蜚声文坛的传奇人物

苏洵（1009—1066 年），字明允，自号老泉，眉州眉山（今四川省眉山市）人，与其二子苏轼、苏辙并称“三苏”，共同跻身于举世闻名的唐宋八大家之列。

苏洵祖上虽然“三世皆不显”，但到了他这一辈，两位兄长苏澹、苏涣先后考取进士，苏家在当地算得上是一个大户人家。苏洵靠着家里的祖田，以及城南纱縠行经营绢帛的小产业，再加上有一位贤能的妻子程夫人，一家人幸福美满，没有什么生活压力。

父亲苏洵对于苏轼的启蒙教育，使得苏轼有了积极入仕的想法和主动表达自己政治观点的态度。

苏洵是一个极具个性的人物。《三字经》中记载：“苏老泉，二十七，始发愤，读书籍。”也就是说，苏洵“醒世”比较晚，不像其他人那样从小就喜欢读书。当然，这并不是说苏洵在二十七岁前不学无术。很多史料记载，苏洵本是“为人聪明，辩智过人”，在十八岁时，他也参加了天圣五年（1027 年）的进士考试，但未及第。从十八岁应试不第至二十七岁发奋读书，这 10 年中，苏洵在干什么呢？他喜欢趁年轻到处游历，“游荡不学”。二十七岁时，他幡然醒悟，告别了过去同他一起游山玩水的同伴，埋头苦读，“认墨为糖”，最终成为一位“大儒”，是唐宋八大家中唯一没有科举功名、成名最晚、官位最低的。在今天看来，这种经历更能凸显苏洵的独特与传奇之处，但就他个人而言，心酸与无奈恐怕不足为外人道也。[①] 从这里可以看出，苏洵是一个大器晚成的典范。

苏洵在读书求取功名的道路上，走得十分不顺。十八岁首次参加进士考试就未及第。二十九岁赴京赶考，第二次名落孙山。次年又举茂才异等不中。后来又经过数年苦读，已是三十七岁的苏洵再次入京，举制策，他的文章虽然得到了石昌言等人的称赞，却仍旧没有获得考官的青睐，依然不中。这样的打击，对于古代“唯有读书高”的文人来说是莫大的失败。晚年时期，经韩琦推荐，苏洵终于得官，任秘书省校书郎、霸州文安县主簿，才开启他报国的人生。令人遗憾的是，没过几年，他便因病去世，终年五十八岁。

苏洵虽然终身未取得功名，“爵位不过于九品”，但他仍不失为一位思想家、政论家、史学家、文学家，还是一位书画鉴赏家、收藏家，用“一时之杰”来概括他的一生也不为过。

特别可贵的是，他对两个儿子的精心教育，无疑值得天下的父母学习。比如，在为两个儿子取名上，长子取名“轼”，“轼”是车厢前面的扶手，是显眼的横木，次子取名“辙”，“辙”是马车行走留下的印迹，这两样东西看似无关紧要，但实际上不可或缺。苏洵以此为两个儿子命名，是希望他们长大后都能有所作为，也可以从中看出苏洵的舐犊情深和对两个儿子的殷切期盼。苏

① 孔凡礼．关于苏轼生平的若干资料［J］．文学遗产，1989（6）．

轼兄弟从小调皮贪玩，任凭苏洵怎么说教都没用。苏洵便采取了一个特殊方法，即在两个儿子玩耍时故意在一旁偷偷看书，等两个儿子好奇探头过来时，他便故作神秘地把书“藏”起来。这一招果然奏效，两个儿子被激发出强烈的好奇心，常常趁父亲不在，“偷”出书来认真地看。苏洵通过这种独特的方式，成功地培养了苏轼、苏辙的读书热情，使他们受益终身。

前人评价苏洵，没有不论述他教育苏轼、苏辙的情况。苏洵去世后，欧阳修亲自为苏洵写墓志铭。韩琦在《苏洵员外挽词》中评价苏洵为“时名谁可嗣，父子尽贤良”；曾公亮在《老苏先生挽词》中写道：“后嗣皆鸾鹭，吾知庆有诒”；张焘先生也在《老苏先生挽词》中称赞苏洵“一门歆、向传家学，二子机、云并隽游”。1963 年，朱德在参观四川眉山三苏祠后欣然题词：“一家三父子，都是大文豪。诗赋传千古，峨眉共比高。”

2. 其母程氏——“一门三词客”背后的奇女

谈论苏轼，不得不先谈论程夫人。此位程夫人，即苏轼和苏辙的母亲、苏洵的妻子。母亲程氏的通情达理和乐善好施深深影响了苏轼，苏轼税收思想中融入的“民本”思想和以德治民的观念，也隐隐透露出母亲程氏的影响。三苏父子成为一代文豪，程夫人功不可没。

程夫人，出生于 1010 年，比苏洵小一岁，她的父亲程文应是眉州当地一名地方官员。在眉州当地，程家是名门望族。1027 年，十八岁的程夫人与苏洵成婚，成为苏家儿媳妇。苏氏家族也是当地有名的家族，但经济条件并不如程家。从传统的意义上讲，苏程两家的联姻，也算得上是“门当户对”。

程夫人嫁到苏家后，发现苏家并不是很富有，丈夫苏洵又喜欢游山玩水，不喜欢学习。于是，程夫人卖掉了嫁妆和珠宝，在眉山的城南纱縠行租了一家商铺，开始经营布料生意。不出几年，苏家开始变得富裕起来。一转眼，苏洵已二十七岁，有一天苏洵突然告知程夫人，他要“始发大愤”。程夫人很高兴看到自己的丈夫已经下定决心，并说她已经等他做这个决定很久了。程夫人让苏洵尽管安心读书，养家糊口的任务交给自己。从此，程夫人一边操持家务，一边经营生意，还一边支持丈夫和子女读书。

苏辙在《坟院记》中说，程夫人生来有气节，卓尔不群，喜欢读书，通晓古今之事。苏洵外出不在家时，程夫人亲自教育和辅导苏轼、苏辙的学习，教授两兄弟儒家经典学说，希望儿子建功立业，光宗耀祖。现在流传广泛的程夫人教子故事中，就有程夫人教《范滂传》的传说，后来苏轼多次提到《范滂传》，可见《范滂传》对苏轼的影响很大，也表明苏轼在年轻时就立志以范滂为榜样，志存高远，这与苏轼母亲的谆谆教导是分不开的。

程夫人在教育方面非常重视以身作则。比如，发现租房地下出现的大瓮，知道是原先房主人留下的窖藏，即命家人用土填平，说切不可贪图别人的东西。又如，程夫人通过勤劳的双手，使苏家日渐富裕，但致富后不忘接济他人，经常发放救济金，无论是亲戚还是邻居，都会尽量满足他们的需求。程夫人与苏洵成婚时，苏轼的曾祖母宋氏还健在，宋氏年老之后体弱多病，性情也变得十分古怪。如果家人在大厅里发出声音，她会严厉地责骂。只有程夫人才能使她满意，而且她一看到程夫人就高兴。程夫人是怎么做到的呢？孝顺。她对祖母无微不至的照顾和奉侍，赢得了老人的认可和大家的赞誉。程夫人去世后，大史学家司马光专程为程夫人撰写了墓志铭，称赞程夫人“能开发辅导其夫、子，使皆以文学显重于天下，非识虑高绝，能如是乎”。

3. 其弟苏辙——“一唱三叹”的文学大家

苏辙，字子由，号颍滨遗老，眉州眉山（今四川省眉山市）人，出生于仁宗宝元二年（1039 年）二月二十日，比苏轼小两岁零四十多天。他同苏轼一同读书，一同应举，同朝做官，同遭贬谪，同为唐宋八大家，与苏洵是父子关系，与苏轼亦师亦友，是宋代著名的政治家、文学家、经学家和思想家。

苏辙作为苏轼之弟，两人不仅是心意相通的朋友，更是相互坚定支持的政治伙伴，同进退共患难使二人情谊更加深厚。

在中国古代文学史中，苏轼与苏辙是一对具有典型意义的文人兄弟。二人的兄弟之情基于相同的成长环境、家族背景、相通但又不同的个性和仕途轨迹，随着时间的流逝愈加丰富、真挚、纯澈。二人的兄弟之情既有简单的血脉之亲，又有师友之义，更有知己之情。丰富而深厚的兄弟之情自然而然对敏感的诗人产生了深远的影响，这种影响在诗人的具体诗文创作中有所表现。

在生活上，由于苏轼的母亲是地方官员之女，家境富裕，嫁于苏洵之后曾“罄出服玩鬻之以治生，不数年遂为富家”。苏轼与苏辙这段时期的生活条件较优越，除了嘉祐二年（1057 年）四月八日母程氏亡，苏轼兄弟的生活可谓无忧无虑；加上二人涉世不深，还没经历各种官场纷争，在情感上非常天真烂漫。二人在科举上一帆风顺，苏洵曾感叹道：“莫道登科易，老夫如登天。莫道登科难，小儿如拾芥。”①

嘉祐六年（1061 年），苏轼在京应制举，被任命为大理评事、签书凤翔府判官，苏轼兄弟从此步入仕宦生涯，他们在各地辗转为官，虽不发达，但也没有很大的政治风波，仕宦生活比较平稳。在这一阶段的前期，由于为父奔丧、守丧，他们得以长时间相处，而到后期他们分别辗转各地为官，只能在辗转路途中顺道相访，因而二人也格外地珍惜这种机会，几乎每次分别相聚都会相送、相迎很远。这一时期，苏轼与苏辙在各地辗转为官时一起憧憬、在旅途艰辛中相互倾诉、在分离聚合中加深了对彼此的情感，各种新的生活体验使得他们的感情不断地丰富、深化。在前后近二十年的时间里，兄弟两人的相聚时间近八年。

纵观苏辙的一生，虽历经五朝，出仕四十余年，但真正在位执政为朝廷重用不过短短九年，其余不是沦为幕僚，就是锢于党禁。苏辙一生坎坷，但能“固穷”，不论何时均能保持自己独立、无所依附的政治情操。他自小受儒家

---

① 曾枣庄. 苏辙年谱［M］. 西安：陕西人民出版社，1986.

思想熏陶，以修身为出发点，立志实现齐家平天下的伟业。他性格耿直、直言不讳，不依权附贵，表现为在朝廷为官时“不党”，只对事不对人，只要是不符合人民利益的，他都否定，只要是符合人民利益的，他都肯定；在著书立说时能够中肯公正地评价历史、评价同时代的人和事，基本不夹杂私人恩怨。在朝时体察民情，不为空言，为了人民、为了道义，不顾自身安危毅然直言抗辩。在为官受重用时，苏辙以儒家精神从政，积极入世，兼济天下。当屡屡受贬时，他潜心著书，笔耕不辍，以佛道精神寻求解脱，以求更高的人生境界。

二、个人经历——壮志未酬终不改

1. 科举进士，名动京师

这一阶段是青年苏轼的高光时刻，才华横溢，备受关注。这给予了苏轼建功立业报答朝廷极大的鼓舞，这为苏轼在文学作品中积极表达政治思想做好了铺垫。

嘉祐元年，苏洵携二子进京赶考，兄弟二人于嘉祐二年进士及第，这时，苏轼仅仅二十一岁。在他二十五岁之时，也就是嘉祐六年，考中制科优入三等。在宋科举百年的制科试当中，没有任何一个人可以入一等、二等。制科一等、二等难度极大，苏轼考中三等，可见其才华卓越。朝廷授其“大理寺评事”，签书凤翔府节度判官厅公事。三年之后，任满还朝，任判登闻鼓院。宋英宗继位后非常爱惜苏轼的才华，欲重用之，然而朝中众大臣反对“骤用”，只能让他先当了个谏官，自此，苏轼便踏上了坎坷政途。

2. 自请出京，徙至徐州

此时的苏轼正经历其政治生涯的第一个低谷。诗词内容频频展现不得重用的慨叹，但正因如此，苏轼在党争中更加坚定了自己的政治立场和税收观念。

在京任官期间，苏轼夫人王弗去世，之后未出一年，其父苏洵又亡，苏家兄弟不得不回乡守制。再回朝野，已是王安石执政时期。宋神宗志在变法，欲图国强民富，以王安石为首的新党迅速推行新法，大刀阔斧地进行改革，行为激进，引起了旧党和保守派的大力反对。苏轼为学，基于传统的儒学。他富国强民建功立业的政治主张中，虽然有改革的思想，但反对太过激进的变法革新，更反对对人民横征暴敛用以强国，认为“过犹不及”“欲速则不达”。他的诗文以强烈的声音抨击反对新法，这无疑使之成为王安石新党的清除对象，因而京城里不能容身，无奈之下，自请外放杭州。在任杭州通判期间，关心民苦，操持政事，但因其力量甚微，也屡屡发出不能建功立业、不得重用的慨叹，因而经常游往于僧寺之间。杭州任满，正值朝野之中新旧党争激烈之时，苏轼一来为了避祸，二来为了与在济南任官的弟弟苏辙临近，自请调任密州（今山东诸城），为密州太守。虽政务不重，但孤远落后的密州怎能与富庶发达的杭州相比，加之朝廷并不重用，报国无门，苏轼在密州度过了苦闷的两年，继而调任徐州。时值徐州水患严重，苏轼在徐州治水立功，得朝廷奖赏。两年后，又至湖州。湖州成为苏轼一生政治生涯的转折点。

3.“乌台诗案”，被贬黄州

“乌台诗案”可谓是苏轼政治生涯中的至暗时刻。但是这更让苏轼看清了当时朝廷的灰暗与混乱，他愈发认为关注民生、轻赋薄税才是当务之急。

元丰二年（1079 年），北宋新旧两党的斗争进一步尖锐，新党认为，苏轼是旧党的代表性人物，如果扳倒苏轼，就可以进一步打击旧党。于是，便利用苏轼上表的《湖州谢表》，弹劾其悱恻朝廷、讽刺皇上，使得刚到湖州入职三个月的苏轼被扣上了罪名，被押往御史台接受审判。在这期间，不乏有为苏轼求情的人，这足以见得苏轼的道德与人品，不然也不会有人冒死替苏轼求情。苏轼在狱中被关押了一百三十多天后，虽然保住了性命，但是被贬黄州，同时为他求情的十几位官员也因此被罚钱、贬官，其中就包括下文要说的张方平。

4. 东山再起，忠直无畏

这一阶段是苏轼最为得意的官宦时期。但他始终不忘自己的政治报负，在反思和总结中使自己的政治思想不断成熟。

元丰八年（1085 年），宋哲宗即位，临朝听政的高太后十分欣赏苏轼的才能，于是任命苏轼为朝奉郎知登州（蓬莱），四个月后，又以礼部郎中被召还朝。在朝半月，升为起居舍人。三个月后，又升中书舍人。不久，再升翰林学士，知制诰，知礼部贡举。这一时期，是苏轼一生最为得意的官宦时期。但是，当看到司马光等人准备全面废除新法之时，他认为不妥，当即反对全面废除新法，并阐述了自己对新政的种种看法。他认为对新法要有用取之，不可尽废。这不是有些人所说的“没有立场”，而是源于苏轼根深蒂固的政治思想及其绝不委屈附势的人格操守，坚持一贯的政治主张。至此，苏轼既不能容于新党，又不能见谅于旧党，因而再度自求外调。

5. 被贬岭南，身逝常州

这一阶段苏轼受到贬黜，但也让他亲见百姓生活，使得其税收思想在基层得以实践。

苏轼被贬谪到岭南时长七年多，并且饱受流放之苦。1094 年，宋哲宗亲政。皇帝雄心勃勃，渴望改变北宋当时的社会状况。因此，他立即重用新党，排挤旧党。苏轼被降职到惠州和儋州，原因是他反对王安石的改革。到了儋州之后，苏轼便认为儋州是他的第二故乡，有时甚至认为自己就是儋州人。他在儋州建立了一所学校，以改进当地学生的学习方式，这使儋州的学风迅速兴起，培养出了一批以姜唐佐为代表的优秀学子。为此，苏轼赞赏道：“沧海何曾断地脉，白袍端合破天荒。”大意是指儋州地区从来不曾断掉学者的文脉，一切都将从这里开始。1100 年，苏轼被赦免回到北方，1101 年于常州去世。①现在海南多地呈现的东坡村、东坡井、东坡田、东坡路、东坡桥、东坡帽，乃至东坡话，虽无法考证是否是苏轼的作为，但至少是与苏轼有关的，寄托着人们对苏轼的追忆。长期以来，海南人民始终把苏轼视为儋州文化的开拓者和播种者，每年都要举办活动来纪念这位伟人（见表 1）。

---

① 阿茹娜．朱砂痣与明月光［D］．呼和浩特：内蒙古大学，2007.

表 1　　苏轼的官职履历

时间	地点	职位	主要经历	主要诗词
仁宗景祐三年（1037 年）	四川眉山		出生，其父为初唐大臣苏味道之后苏洵	
仁宗嘉祐二年（1057 年）	京城开封		赴京试礼部，高中第二	
仁宗嘉祐二年（1057 年）至嘉祐四年（1059 年）	四川眉山	翰林学士	丧母，为母守丧三年	
仁宗嘉祐六年（1061 年）至英宗治平二年（1065 年）	凤翔	签书凤翔府判官，判官是知府的副职，颇有实权	疏浚了造福后代的东湖；于凤翔祈雨；主张禁止官府垄断经营；主张免除累积的债务	《留别诗》
神宗熙宁元年（1068 年）至熙宁四年（1071 年）	京城开封	监官浩院	反对王安石变法，多次上书，未被采用	《议学校贡举状》《谏买浙灯状》《上神宗皇帝书》《万言书》
神宗熙宁四年（1071 年）至熙宁七年（1074 年）	杭州	杭州通判，通判掌管粮运、家田、水利、诉讼等事项，对州府长官负有监察责任	组织当地的百姓剿灭蝗虫；组织民众治理六井	《饮湖上初晴后雨》《山村五绝》
神宗熙宁七年（1074 年）至熙宁九年（1076 年）	密州	密州太守	缉拿盗贼、收养弃婴、抵制苛政，主张取消盐榷制度	《沁园春》《水调歌头·中秋怀子由》《江城子·密州出猎》
神宗熙宁九年（1076 年）至神宗元丰二年（1079 年）	徐州	徐州太守	率民抗洪，祈雨劝农，医病囚，治军政	《江城子·别徐州》
神宗元丰二年（1079 年）	湖州	湖州太守	治理太湖水患	《西江月·平山堂》

续表

时间	地点	职位	主要经历	主要诗词
神宗元丰二年（1079 年）	京城开封		“乌台诗案”，入狱百日	《湖州谢上表》
神宗元丰三年（1080 年）至神宗元丰七年（1084 年）	黄州	黄州团练副使，团练副使是一种虚衔，没有具体职责，也没有实权	文艺创作高峰，留下了众多脍炙人口的诗篇	《前赤壁赋》《念奴娇·赤壁怀古》《后赤壁赋》《虞美人》《浣溪沙》《鹧鸪天》
神宗元丰七年（1084 年）	汝州	汝州团练副使，团练副使是一种虚衔，没有具体职责，也没有实权		《满庭芳·归去来兮》
哲宗元祐四年（1089 年）至元祐六年（1091 年）	杭州	杭州知事兼浙西军区司令	修筑西湖苏堤	《临江仙·送钱穆父》
哲宗绍圣元年（1094 年）至哲宗元符三年（1100 年）	惠州、儋州	五品琼州别驾，即刺史的佐官。相当于“府尹”，但没有实际权力	破除当地迷信，开海南教育之风	《减字木兰花·己卯儋耳春词》
建中靖国元年（1101 年）	常州	恢复为朝奉郎	大赦北还途中病逝	

三、师友交游——命俦啸侣话国是

1. 与师友之间的交游

在古代，师生关系是一种特殊的朋友关系，亦师亦友。他们志同道合的人生理想和学术理念使二者的关系越来越稳定。在苏轼一生中，张方平和欧阳修对其影响很大，他们可以说是苏轼一生的“贵人”，也算得上是苏轼的伯乐，他们之间的关系，已经超出了师生关系和朋友关系。

张方平（1007—1091 年），号乐全居士，字安道，应天宋城（今河南商丘）人。他自幼颖悟过人，凡书一读而终身不忘，被人誉为“天下奇才”[①]。嘉祐元年（1055 年），苏洵带着苏轼、苏辙一同前往成都，这是苏轼首次拜见张方平。在成都，张方平亲书欧阳修，推荐苏洵为朝廷效力，并勉励苏轼兄弟努力上进。至此，苏轼开始与张方平成为朋友。此后，张方平从益州（今四川成都）回到京师，担任三司使，苏轼的父亲苏洵又领着苏轼去拜访张方平，使得苏轼与张方平的关系更加亲近了。“乌台诗案”中，张方平虽然因为与苏轼的关系被罚铜 30 斤，但还是写信营救苏轼。可见，张方平与苏轼的关系之深、情义之厚。元祐六年（1091 年），张方平去世。在颍州（今安徽阜阳）的苏轼，坚持三个月的时间穿着张方平门徒的衣服，并且去荐福禅院哀悼，还连续写了三篇祭文表达哀思。在《张文定・公墓志铭》一书中，苏轼承认，他和张方平在处理国家政事和人物性格方面有着相似之处。他觉得很幸运，因为他和弟弟都是张方平的学生。

欧阳修（1007—1072 年），字永叔，号醉翁，六一居士，今江西永丰人。嘉祐二年（1057 年），苏轼在考试中撰写《刑赏忠厚论》，这篇文章从古至今被人们引用，寓意真挚，文笔稳重，朴实自然，具有古代作家的风采。文章一写出来便震惊四座，考官欧阳修原本想把它评为一等文章，但是这篇文章与他的学生曾巩的文章风格一致，所以他怀疑其出自他的学生曾巩之手。为了避嫌，他把苏轼的文章评为二等文。后得知是苏轼所为，对苏轼则是关爱有加，苏轼也同欧阳修建立了深厚的亦师亦友关系。在欧阳修的不懈鼓励和支持下，苏轼在京城成名，许多官员都以认识苏轼为荣。

嘉祐六年（1061 年），苏轼开始了他的从政生涯，这源于欧阳修的赏识和推荐。他在《欧阳文忠公集奏议卷》里的《举苏东坡应制科状》中写道：“苏

---

① 孔凡礼．苏轼年谱［M］．北京：中华书局，2003.

轼，学问通博，资识明敏，拥有杰出的文学才华，在文学领域享有盛名。我向朝廷举荐苏轼，如果有任何欺骗或者违背的地方，我甘愿退出朝堂。”苏轼在政治界和文学界的立足，与欧阳修的欣赏和支持有着重要的关系，欧阳修的举荐对于初出茅庐的士子的影响可想而知。

张方平和欧阳修，从年龄的角度来看，应该像苏轼的父亲一样，但是他们仍然属于挚交。两个人带领苏轼进入仕途，并多次解救苏轼，甚至被贬官或处罚都毫不在乎。他们是苏轼的政治导师和文学导师，也是生活中的老师和朋友，并且对苏轼的一生有很大的影响。

2. 与同僚之间的交游

如果说师生关系下形成的交游圈是士人的主观选择，那么同僚关系中形成的交游活动就是客观必然，没有选择的余地。同立于朝，共同致力于宋代江山社稷的同僚之间的交游关系最为复杂难测，对宋代的朝堂政治影响巨大。论述苏轼的仕宦生涯，避不开其与王安石、司马光、章惇等人的复杂关系，此外个别武将也成为苏轼的座上宾。

苏轼与司马光、王安石在神宗、哲宗时期同朝为官。苏轼与二人之间的关系很复杂，进一步可以说苏轼的一生宦海浮沉都与二人有着不可分割的联系。

王安石是苏轼政治仕途中的一位重要人物，两人因缘际会于北宋那个积贫积弱、内忧外患的年代，身不由己地卷入了党派之争。

王安石（1021—1086 年），字介甫，号半山，临川人（今江西），北宋时期著名的政治家、思想家、文学家和改革家。

熙宁二年（1069 年），苏轼服孝期满后回到京城时，朝廷正在酝酿一场声势浩大、对宋代政治有深远影响的变法。在神宗支持下，王安石开始谋划富国强兵的变法，史称“熙宁新法”，也称王安石变法。就其目的而言，王安石改革是为了富国强军，改变宋仁宗以来形成的贫弱局面，并认为理财应该放在变法图强的首要位置。虽然王安石认为要理财就要把务农作为当务之急，但这并不意味着王安石理财是为了百姓的利益。相反，他的理财观念侧重于富裕国家。因此，他将理财的重点放在增加税收收入而不是减少开支上，或者说增加税收收入和减少开支两者兼而有之。尽管王安石认为百姓的贫困是由富人兼并土地造成的，而不是由国家的重税造成的，然而，从儒家“节用爱人”“敛从其簿”“因民之所利而利之”的传统观念来看，王安石的变法实质是为朝廷集财。苏辙曾说，自古以来，国家征税只涉及食租衣税，即使国用不足，也就用茶盐酒税作为辅助。从来没有听说重新启用青苗法来收取利息，与百姓争夺微薄的收益，以实现富国强兵。这也就是司马光等人反对王安石变法的主要原因及所持的理由。

由于苏轼对新法的种种反对，二人在朝中矛盾日益尖锐，王安石处处与苏轼针锋相对，多次阻挠神宗起用苏轼。熙宁二年五月，神宗试图起用苏轼以修中书条例，王安石知苏轼素与己异，劝神宗：“轼与臣所学及议论皆异，别试其事可也……今陛下但见轼之言，其言有未见可用，恐不宜轻用。”[①] 因此，之后朝廷命令推举谏官，张方平和司马光先后举荐苏轼，自是未果。

除了政见上的南辕北辙，二人在生活中倒也彼此赏识，苏轼并没有因为变法态度不同而夹杂个人恩怨否定王安石，反而极力认可王安石主笔的《英宗实录》：“此书词简而事备，文古而意明，为国朝诸史之冠。”[②] 据史料记载，二人闲话家常，同游蒋山，以诗文相和，苏轼作《同王胜之游蒋山》[③]，王安石和《和子瞻同王胜之游蒋山》[④] 一首。王安石甚至劝说苏轼买田置地于此，与他结邻而居，苏轼在《次荆公韵四绝》其三中说道：“骑驴渺渺入荒陂，想见先生未病时。劝我试求三亩宅，从公已觉十年迟。”[⑤]王安石在送走苏轼北上之后，对他人说道：“不知更几百年，方有如此人物！”[⑥]

---

① 黄以周，等．续资治通鉴长编拾补［M］．北京：中华书局，2004.

② 孔凡礼．苏轼年谱［M］．北京：中华书局，2005.

③⑤ 苏轼．苏轼诗集［M］．北京：中华书局，1982.

④ 王安石．临川文集［M］．长春：吉林出版社，2005.

⑥ 王象之．舆地纪胜［M］．成都：四川大学出版社，2005.

由此可见，二人虽在政治上有诸多不合之处，但是远离权力中心以后，二人却仍有文人之间的惺惺相惜和往来。

司马光是苏轼考中进士的考官，因此苏轼对其十分尊重。

司马光（1019—1086 年），字君实，号迂叟，陕州夏县人（今山西夏县），北宋著名的政治家、史学家、文学家。与王安石相比，因苏轼与司马光都对变法不满，司马光为保守派领袖，苏轼也对新法提出批评，两人交集甚多。

熙宁二年（1069 年），新法实施开始，对其存在的问题，苏轼竭尽所能，勇于直谏，司马光对其精神赞不绝口。熙宁四年（1071 年），司马光任职许州时，曾向神宗进言："我的才能是在所有官员之下的。论先见之明，我不如吕诲；论公平正直，我不如范纯仁、程颢；论直言敢言，我不如苏轼、孔文仲；论勇敢决绝，我不如范镇。"① 言语中对苏轼的敢于直谏很是赞赏。

而在苏轼的眼中，司马光也是很有能力的人，苏轼即使是被贬黄州，也仍然致函司马光"先生独何事，四海望陶冶。儿童诵君实，走卒知司马"②。可见苏轼对司马光的尊重和期盼。但是，面对司马光的保守做法，具有改革创新精神的苏轼则坚决抵制，特别是司马光"专欲变熙宁之法，不复较量利害"③之时，苏轼则认为应当"参用所长"。为了进一步避免与司马光的政见争执加剧，苏轼再次申请外派任职。

二人虽在后期的政见方面有所争执，但是司马光与苏轼彼此之间很是互相欣赏，苏轼曾评价其"文辞醇深，有西汉风"④，只是党争不可避免地影响了私交。在司马光去世后，苏轼先作祭文，再作行状，还作神道碑，写道："公以文章名于世，而以忠义自结人主"⑤，对这位品行卓绝的政治家给予了极高的评价。

---

① 李焘．续资治通鉴长编［M］．北京：中华书局，2004.

② 苏轼．苏轼诗集［M］．北京：中华书局，1982.

③⑤ 苏轼．苏轼文集［M］．长沙：岳麓书社，2000.

④ 李昌宪．司马光评传［M］．南京：南京大学出版社，2002.

诚如上文所言，苏轼与王安石和司马光的关系，尽管政治理念相左、文学向往不同，但他们并未将矛盾延伸到私人恩怨，不得不说三人之间雅量甚高，而历史上公报私仇或因政治殊途而打击报复异己屡见不鲜，苏轼与王安石及司马光之间真可谓是真正意义上的君子之交。这种同僚关系的重心是国家安危、百姓疾苦。

3. 与税收的情缘

苏轼的一生，与税收有着剪不断的情缘。苏家在宋代虽是“官户”，也属于免役户，但苏轼的母亲程夫人是一位商人，在四川省眉山市东坡区的纱縠巷经营丝绸等商品，苏轼从小就对商税耳濡目染。

苏轼生活在北宋中期。在他成年的时候，虽然全国表面上还算太平，但危机四伏。他在《进策》中指出：“海内穷困，生民愁苦”，而统治者“后宫之费，不减敌国，金玉锦绣之工，日作而不息，朝成夕毁，务以相新”，积贫积弱已经形成，社会矛盾日渐加剧。对国家民族、社会现实有着比较清醒认识的苏轼，就是在这样的特定时代环境和时局形势下，满怀忧国忧民之情和“致君尧舜，经世济民”的抱负，踏上仕途，步入政坛。

苏轼担任过税收政策的制定者。他在担任皇帝秘书、户部尚书时，曾经参与了多项全国性税收政策的制定。比如，司马光在废除王安石推行的新政时，苏轼在朝廷上当场反对，强调要“参用所长”。

苏轼也担任过税收评论家。他在担任推官、谏官时，正值王安石变法兴起，因不满王安石的变法，撰写了《上宋神宗书》，对王安石推行的新政进行税收评论。

苏轼既在凤翔担任过签判，也在杭州担任过通判。在宋代，州府不论是向上汇报情况，还是向下发布公文，都必须由知州和通判（签判）共同签字才能生效，因此，通判（签判）相当于“副太守”。通判（签判）由皇帝直接委派，辅佐州政。通判（签判）除负责监州外，主要负责兵民、钱谷、户口、赋税、狱讼听断之事等工作。宋初，赵普劝宋太祖“诸州置通判，使主钱谷”。所谓通判掌一州之财，并不是说通判（签判）排斥长吏（知州、知军等），为一州最高财政长官，而是指设置通判（签判）牵制长吏，使其不得专权，并由通判（签判）具体负责点检账籍库务。通判（签判）直接领导勾院和应在司。通判（签判）还应负有检察一州上供钱物之责，突出反映了通判（签判）在监郡中的地位。从北宋熙丰年间开始，在转运司外，逐步又形成了一个独立于转运使、知州军、县令等组成的直接负责地方经费的岁计系统（俗称“第一征调系统”），另外，还逐步形成了一个“由提点刑狱、提举常平、提举茶盐诸司及通判、县丞组成的，从路到州县的财物管理系统，直接负责拘收、输送一大部分中央征调财物，以防止地方经费对中央财物的侵占或截留”①，人们通常称之为“仓宪倅丞征调系统”或者“第二征调系统”。中央设中央计司掌管财赋，王安石变法中，专门设立三司条例司负责，后来转为司农寺负责，再后来并入户部，由户部右曹接管。各路设转运司负责掌管中央财赋，并负责同各州通判（签判）对接，接收各州通判（签判）供上的税赋。转运司“掌经度一路财赋，而察其登耗有无，以足上供及郡县之费”②。各州设完整的财赋管理机构，由通判（签判）及其他属官分领，负责将各县征收的税款进行汇总，按规定的比例分配出中央收入、州本级地方财政收入和各县地方收入。

苏轼从政期间，始终都在运用税收力量造福百姓。苏轼是一个全才，为官是他的主业，文学创作诗、词、歌、赋是他从政生涯中的一个重要组成部分，而书画、美食、禅宗等方面取得的成就，应当说只是他生活中的业余爱好。据统计，苏轼从政的足迹涉及 11 个省、18 个市县，每到一地任职，他始终运用税收力量开展工作，突出体现在向朝廷上书要求减免民众税收负担，即使是在“不得签署公事”的黄州、惠州、儋州，仍然以上表的方式为百姓向朝廷呼吁

① 包伟民．宋代地方财政史研究［M］．北京：中国人民大学出版社，2011.

② 脱脱．宋史（卷一六七）［M］．北京：中华书局，1977.

减免税。丰富的从政经历，必然产生丰富的思想，也必然成就丰伟的功业，并使他与税收结下了浓浓的情缘，致使其一生无法割舍。

苏轼与其弟苏辙的积极入仕与其父苏洵的培养和其母程夫人的教育密不可分，但更重要的是北宋“与文人士大夫共治天下”政策对于文人参政的激励与鼓舞；苏轼与师友同僚的交往，也是基于各自的政治立场，其师张方平、其友欧阳修是其政治生涯的引路人，在党派争斗中苏轼并非主流，因此会受到王安石新党一派的打压，而欧阳修作为保守党其政见与苏轼相左。但这三人，均未将矛盾延伸到私交。可以说，苏轼政治生涯的“三起三落”受到了北宋时期大环境的深刻影响。生在北宋这样一个商品经济发达的时代，再加上从小生长在商业发达的川渝地区，苏轼对于商业的发展始终持有积极乐观的态度。作为一位赫赫有名的文学家，他却始终关注着百姓的生活和经济的发展，所以在他的仕宦生涯中，提出了众多有利于经济发展和百姓安居乐业的税收思想。

第二章　苏轼的“民本”思想

“民本”思想是中国古代儒家的重要思想，亦是苏轼一生在朝为官、一心为民的思想基础。受先贤思想、其父政见及自身性格、人生经历等多方面的影响，苏轼的“民本”思想历经形成期、成长期和成熟期三个阶段，最终凝结为“重民、爱民、富民”三大核心内容，苏轼的为官生涯亦是很好地体现了这三大主张。苏轼认为“民者，天下之本”，皇帝只是起到替民众治理国家的作用，国家制定推行税收政策需注重民意，关心民生，令百姓先富。并且，苏轼在地方为官时亦非常注重体恤民情，主张减税救灾，施以德政。

面对王安石推行新法后国富民贫、百姓负担有所加重的局面，苏轼在熙宁四年（1071 年）上书皇帝，针对新法问题直接上书反映民众疾苦，并提出了自己的看法。

上神宗皇帝书

时安石创行新法，轼上书论其不便，曰：

臣之所欲言者，三言而已。愿陛下结人心，厚风俗，存纪纲。人主之所恃者人心而已，如木之有根，灯之有膏，鱼之有水，农夫之有田，商贾之有财。失之则亡，此理之必然也。自古及今，未有和易同众而不安，刚果自用而不危者。陛下亦知人心之不悦矣。

祖宗以来，治财用者不过三司。今陛下不以财用付三司，无故又创制置三司条例一司，使六七少年，日夜讲求于内，使者四十余辈，分行营干于外。夫制置三司条例司，求利之名也；六七少年与使者四十余辈，求利之器也。造端宏大，民实惊疑；创法新奇，吏皆惶惑。以万乘之主而言利，以天子之宰而治财，论说百端，喧传万口，然而莫之顾者，徒曰：“我无其事，何恤于人言。”操网罟而入江湖，语人曰“我非渔也”，不如捐网罟而人自信。驱鹰犬而赴林薮，语人曰“我非猎也”，不如放鹰犬而兽自驯。故臣以为欲消谗慝而召和气，则莫若罢条例司。

今君臣宵旰，几一年矣，而富国之功，茫如捕风，徒闻内帑出数百万缗，祠部度五千余人耳。以此为术，其谁不能？而所行之事，道路皆知其难。汴水浊流，自生民以来，不以种稻。今欲陂而清之，万顷之稻，必用千顷之陂，一岁一淤，三岁而满矣。陛下遂信其说，即使相视地形，所在凿空，访寻水利，妄庸轻剽，率意争言。官司虽知其疏，不敢便行抑退，追集老少，相视可否。若非灼然难行，必须且为兴役。官吏苟且顺从，真谓陛下有意兴作，上糜帑廪，下夺农时。堤防一开，水失故道，虽食议者之肉，何补於民！臣不知朝廷何苦而为此哉？

自古役人，必用乡户。今者徒闻江、浙之间，数郡顾役，而欲措之天下。单丁、女户，盖天民之穷者也，而陛下首欲役之，富有四海，忍不加恤！自杨炎为两税，租调与庸既兼之矣，奈何复欲取庸？万一后世不幸有聚敛之臣，庸钱不除，差役仍旧，推所从来，则必有任其咎者矣。青苗放钱，自昔有禁。今陛下始立成法，每岁常行。虽云不许抑配，而数世之后，暴君污吏，陛下能保之与？计愿请之户，必皆孤贫不济之人，鞭挞已急，则继之逃亡，不还，则均及邻保，势有必至，异日天下恨之，国史记之，曰“青苗钱自陛下始”，岂不惜哉！且常平之法，可谓至矣。今欲变为青苗，坏彼成此，所丧逾多，亏官害民，虽悔何及！

昔汉武帝之世，财力匮竭，用贾人桑羊之说，买贱卖贵，谓之均输。于时商贾不行，盗贼滋炽，几至於乱。孝昭既立，霍光顺民所欲而予之，天下归心，遂以无事。不意今日此论复兴。立法之初，其费已厚，纵使薄有所获，而征商之额，所损必多。譬之有人为其主畜牧，以一牛易五羊。一牛之失，则隐而不言；五羊之获，则指为劳绩。今坏常平而言青苗之功，亏商税而取均输之利，何以异此？臣窃以为过矣。议者必谓："民可与乐成，难与虑始。"故陛下坚执不顾，期于必行。此乃战国贪功之人，行险侥幸之说，未及乐成，而怨已起矣。臣之所愿陛下结人心者，此也。

国家之所以存亡者，在道德之浅深，不在乎强与弱；历数之所以长短者，在风俗之薄厚，不在乎富与贫。人主知此，则知所轻重矣。故臣愿陛下务崇道德而厚风俗，不愿陛下急于有功而贪富强。爱惜风俗，如护元气。圣人非不知深刻之法可以齐众，勇悍之夫可以集事，忠厚近于迂阔，老成初若迟钝。然终不肯以彼易此者，知其所得小，而所丧大也。仁祖持法至宽，用人有叙，专务掩覆过失，未尝轻改旧章。考其成功，则曰未至。以言乎用兵，则十出而九败；以言乎府库，则仅足而无余。徒以德泽在人，风俗知义，故升遐之日，天下归仁焉。议者见其末年吏多因循，事不振举，乃欲矫之以苛察，齐之以智能，招来新进勇锐之人，以图一切速成之效。未享其利，浇风已成。多开骤进之门，使有意外之得，公卿侍从跬步可图，俾常调之人举生非望，欲望风俗之厚，岂可得哉？近岁朴拙之人愈少，巧进之士益多。惟陛下哀之救之，以简易为法，以清净为心，而民德归厚。臣之所愿陛下厚风俗者，此也。

祖宗委任台谏，未尝罪一言者。纵有薄责，旋即超升，许以风闻，而无官长。言及乘舆，则天子改容；事关廊庙，则宰相待罪。台谏固未必皆贤，所言亦未必皆是。然须养其锐气，而借之重权者，岂徒然哉？将以折奸臣之萌也。今法令严密，朝廷清明，所谓奸臣，万无此理。然养猫以去鼠，不可以无鼠而养不捕之猫；畜狗以防盗，不可以无盗而畜不吠之狗。陛下得不上念祖宗设此官之意，下为子孙万世之防？臣闻长老之谈，皆谓台谏所言，常随天下公议。公议所与，台谏亦与之；公议所击，台谏亦击之。今者物论沸腾，怨讟交至，公议所在，亦知之矣。臣恐自兹以往，习惯成风，尽为执政私人，以致人主孤立，纪纲一废，何事不生！臣之所愿陛下存纪纲者，此也。

这篇文章堪称苏轼一生中很有影响力的政论文。从这篇文章中，笔者深刻地感受到了苏轼对人民的情怀，对税收的情怀。苏轼针对熙宁二年（1069 年）新法推行后出现的各种问题主要提出了以下三点意见。

第一，苏轼从不与民争利、安抚人心的角度，反对设立制置三司条例司。为更好制定并推行政策，苏轼建议皇帝保存法纪，使百官各司其职。熙宁二年二月，根据王安石的提议设立制置三司条例司，作为主持变法的机构，掌筹划、制定与推行新的财政政策。苏轼指出，过去户部、度支、盐铁三司理财，这一制度运行多年没有出现失误，现在无故增设制置三司条例司，其实是以此名义求利，使得“吏皆惶惑”“民实惊疑”。同时，现在推行新政，制置三司条例司作为变法的领导机构，权力凌驾于三司之上，中书及门下皆不得过问，不奉圣旨便可直接实行。除此之外，制置三司条例司还具有较大的自由裁量权。苏轼认为，无论设立制置三司条例司的初衷如何，但最终在一定程度上造成了贤者忧、小人谤的局面，对百姓生活安定、与民生息造成了不利影响。而朝廷对这种社会舆论置之不顾，只是说设立制置三司条例司并非为求利，无需顾虑他人评说。这好比有人拿着渔网到江、湖中，要想让人们相信他不是去捕鱼的，比起矢口否认，不如丢掉渔网更让人信服；驱赶着鹰和狗进入山林，与其苍白地对人说“我不是去打猎的”，不如放掉鹰和狗的可信度更高。因此，苏轼提出“故臣以为，消谗慝以召和气，复人心而安国本，则莫若罢制置三司条例司”。

第二，苏轼从爱惜民力、顺应民心的维度，反对施行农田水利法。为更好地保障民生，让百姓休养生息，苏轼建议政策制定者应怜惜下层民众生活不易。熙宁二年（1069 年），制置三司条例司颁布了《农田水利条约》（以下简称《条约》），鼓励各地开垦荒地，兴修水利。如果工程浩大，可由政府贷款，依例出息。苏轼很注重兴修水利，但此时却反对这个政策，其根本原因是此工程过度耗费民力，又存在较高风险。综合来看，对百姓的益处并不足以抵消兴修水利的代价。苏轼指出《条约》“成功则有赏，败事则无诛”，责、权、利不统一，这样可能会导致一些不具备水利才能的人也争相谏言。皇帝如果听信这种言论，容易决策错误，应派人考察当地地形再决策。地方官员即使知道此决断存在疏漏之处，也可能因为种种原因不去反驳，除非确实不可为，否则定会召集民力，不顾农时，大兴土木。苏轼认为，这种浪费民力的行为只会浪费国家财物，占用农民耕作时间，持续下去可能会激起民怨。即便出发点是考虑百姓农耕生计，亦会带来巨大的风险；并且，水利工程安全存在隐患，对百姓农牧生活造成潜在威胁，万一堤防决口，水流离开原有的河道，“虽食议者之肉，何补於民?”即便重罚始作俑者，于百姓也毫无补益。由此可见，苏轼并非一概反对兴修水利，只是从百姓实际所得利益考虑，反对不从实际出发、阿承旨意、不负责任地运用民力。

第三，苏轼认为免役法导致百姓实际负担加重，损害了民众的切身利益，上书反对。熙宁三年（1070 年），王安石废除了差役法，实行免役法，“使民出钱雇役”，苏轼认为这一政策加重了百姓的负担，对百姓的生活安定均造成不利影响，直接触及民众的切身利益。免役法规定，原来不负担差役的官户、女户、寺观、未成丁户这几类民户都要按定额的半数交纳役钱，即助役钱。王安石的免役法本意是为了平均人民负担，在原先差役法征收对象的基础上增加交纳役钱的民户，扩大征收范围，从而在一定程度上减轻底层人民的负担。而苏轼指出，自从杨炎制定两税法，原来的租调与庸役已经包括在内了，现在却又想征取庸役，这是不合理的。而现实情况是富人虽通过交钱得以免役，同时也承担了较重负担；穷人负担同样随之增加，没钱免役就容易沦为盗贼。他指出，单丁户、女户是最下层的穷苦民众，都是一些“户将绝而未亡”“家有丁而尚幼”的人，新政实施后却首先要受到役使，皇帝富有四海，理应对这些平民百姓有所体恤。这也说明苏轼反对免役法主要是从民生的角度出发，考虑各等级民户的切身利益，以民为本。同时，苏轼也担心后世出现聚敛之臣，

“庸钱不除，差役仍旧，使天下怨毒”。因此，苏轼希望为避免增加百姓税负，政策制定者应怜惜百姓，考虑民众利益，顺应民意。

在国与民的关系上，苏轼一贯主张一切从民出发，一切为民着想，民安则国安，民富则国强。苏轼认为：“夫天下者，非君有也，天下使君主之耳”。如果处理不好国与民的关系，将出现“水可载舟，亦可覆舟”的景象。所以，苏轼主张治国的首要任务在于以民为本。此外，还建议皇帝开张圣听，广开言路。任用御史和谏官时，所奏之事不论大小、所涉之人不论官位高低，均可直言，不必治罪。这也体现出苏轼提倡执政者通过御史谏官了解百姓需求，知晓天下公议与民心民意。

第一节　“民本”思想的形成基础

从《上神宗皇帝文》一文中可以看出，苏轼一生提倡以民为重，政策制定从民生出发，立法安民，施以仁政。苏轼表现出的“民本”思想，主要是受到历代先贤“民本”思想的熏陶，辅以其父苏洵的影响。这为苏轼后来的思想发展奠定了基础，使其在为官初期就立志一生为民，以民为本。入朝为官后饱经宦海沉浮的从政经历，也让苏轼的“民本”思想贴近百姓，不断发展成熟。

首先，受儒家思想的熏陶。苏轼受其父亲、母亲的教导，从小就立志效法东汉的范滂，做一个“亡躯犯颜之士”。随着年龄的增长，苏轼进入专门的学堂读书，又学习和研究了贾谊、陆贽等人的政论，对孔子、孟子、管仲、诸葛亮等经邦济世的言论钦慕不已，在他心中树立起了“致君尧舜，经世济民”的伟大抱负。苏轼在为官的过程中，认真践行儒家之道，广行仁政，使民丰足。苏轼一生的为官思想和行动都本源于此。

其次，受其父苏洵“民本”思想的影响。苏轼“少与辙皆师先君”，苏轼、苏辙兄弟两人在思想倾向上深受其父苏洵的影响。苏洵在“遂绝意于功名，而自托于学术”后，“乃大究六经百家之说，以考质古今治乱成败、圣贤穷达出处之际，得其精粹，涵畜充溢，抑而不发”。苏洵二十七岁开始发奋读书，为苏轼、苏辙立好了榜样。苏轼多次谈到父亲在教育他们做学问时，要求他们不要为了文章的工整巧妙而刻意为之，而是要自然而然地去抒发内心的情感。后来的事实证明，苏轼、苏辙写了很多文章，都是发自内心的情感自然流露和表达，从来没有刻意作出一篇文章的想法。为此，苏轼仿照父亲苏洵的文章体式和写法，写了政论和策论共五十篇，其中对多数社会问题的看法都是一致的。嘉祐八年（1063 年），宋仁宗去世，韩琦出任山陵使，不顾国库空虚，向下面州县大肆摊派，修治规模宏伟的昭陵，使得社会反响强烈。苏洵便写了《上韩昭文论山陵书》规谏韩琦，认为先帝平日爱惜百姓之心十分深切，而自己也极度躬身节俭。结合先帝一生的思想，其不愿让天下百姓因为开发山泽等极重徭役而受苦。所以，苏洵建议国家应建立起简洁的丧葬制度，对上可以顺遂先帝恭敬俭朴的诚心，对下可以纾解百姓现有的苦难；朝堂内部有像华元这样为了作秀而不做实事的人，简洁丧葬亦可使这类问题得到解决；而万世之后，可以巩固江山，安邦定国。最后，他还语重心长地说：“夫君子以为政，与其坐视百姓之艰难，而重改令之非，孰若改令以救百姓之急?”韩琦听后为之色变。苏轼在凤翔任签判时，针对兴建仁宗陵墓之事在《和子由闻子瞻将如终南太平宫溪堂读书》中描述了百姓修建陵墓极其艰辛的情况，透露出对大修陵墓之事深深的忧虑。可见，苏轼这种忧民思想和行事风格深受其父的影响。

桥山日月迫，府县烦差抽。
王事谁敢愬，民劳吏宜羞。
中间罹旱暵，欲学唤雨鸠。
千夫挽一木，十步八九休。
渭水涸无泥，菑堰旋插修。
对之食不饱，余事更遑求。

最后，苏轼本人的性格和人生经历决定了他的“民本”思想。良好的启蒙教育和家庭熏陶，使苏轼从小就逐步养成了耿直仗义的性格。苏轼从小就同情“野人喑哑遭欺谩”的遭遇，对“千人耕种万人食”的社会现象有较为真切的了解。并且，苏轼坎坷的仕途经历也对他的思想产生了重要影响。熙宁时期苏轼不能取悦于新党，元祐时期又不能容于旧党，他一直上书批驳他人，发表自己的主张而屡遭弹劾。从二十四岁走上仕途，到六十四岁病逝常州，为官四十年，苏轼既在朝廷任过高官，也做过各地方州的太守，甚至还被流放各州，生活阅历非常丰富。苏轼早期主张以仁政治国平天下，而不必动用武力，后来亲身经历百姓疾苦，政治地位的落差使他在为官生涯的后期对治国之策有了更加深刻的认识。相比之前，苏轼更能从百姓的立场出发，这使他在地方任职时更能体恤民情，关注民众的切实需求与实际利益。

作为接受儒家思想教育多年的士大夫，苏轼从一开始便接受了儒家先贤“爱民”“以民为本”的“民本”思想，同时在父亲的教育下，苏轼提倡以民为重的改革，认为“欲速则不达”；坚持自己的人生准则和为官主张，并敢于进谏。面对新法，苏轼上书陈词，对其中的改革措施提出反对意见。因政见不合，苏轼在新旧两派中树敌众多，最终连遭贬谪。而这一人生经历又使其与百姓有亲密的情感交流，既对民间的疾苦有深刻的感性认识，又能站在“民本”理论层面来看待社会现实问题。所以苏轼以民为本的仁政爱民思想呈现出与宋儒截然不同的特点，将以“仁”为核心的儒家民本发扬光大。苏轼不断身体力行，直接上书反映民众疾苦，在地方为官时因法便民，帮助老百姓解决生活上的困难。苏轼的为官理念和为官举措充分体现了“民本”思想和他对于仁政理想的终生追求，最终形成了自己亲民爱民的为官风格。

第二节 “民本”思想的形成阶段

苏轼“民本”思想的形成经历了以下三个阶段:

第一个阶段是“民本”思想的形成期(1057—1071年),即从苏轼进士及第到因与王安石的政见不同而被判杭州地区通判这一期间。这个阶段的苏轼,少年得志,进士及第,有着满腔的政治抱负。嘉祐二年(1057年),苏轼考中进士。后因母亲程夫人病故,按大宋规定回眉山老家丁忧二十七个月。嘉祐六年(1061年),苏轼应制策考试“入三等”。宋仁宗仔细察阅了苏轼兄弟的为政制策后,欣慰表示:“朕今日为子孙得两宰相矣。”于是,任命他为大理评事、签书凤翔府判官。“大理评事”是个头衔,“判官”才是实职。不过他不同于其他副职(州府的二把手),因享有“大理评事”的头衔,所以有权直接向朝廷请示汇报。在凤翔,他主要负责兵民、钱谷、户口、赋税、狱讼听断之事等工作。按当时的规定,朝廷税收供上和朝廷与州本级收入、县级收入之间的分配,是他的一项重要工作。从此,苏轼与税结下了不解之缘。只有二十四岁的苏轼年轻气盛,踌躇满志,正想干一番事业,一口气就写下了二十五篇策论文。在凤翔期间,他上书改革衙前役、减免农民税收、建立“官户村”等,将税收情怀从理想向现实转移。后来,宋英宗接受时任宰相韩琦的建议,安排苏轼进入直史馆,让其熟读史书,了解历史,以便日后能够以史为鉴,承担国史大任。这段经历加之多年儒家学说的浸润,使以民为本的思想更加深入苏轼内心。这期间苏轼写的大量国事策论就是例证,这也为他接下来的“民本”思想的发展打下了坚实的基础。

第二个阶段是“民本”思想的成长期(1071—1078年),即从苏轼被贬杭州为普通判官一直到“乌台诗案”发生前。这一时期,正是王安石推行新法的时期。苏轼也历任了杭州通判、密州知州、徐州知州和湖州知州,始终坚持人民至上，每到一处取得的成绩都硕果累累，人们无不称赞。对于王安石推行的新法，苏轼绝大多数是赞成的，但也存在不同意见，先后三次向皇帝上表反对。代表作品有《思治论》《上神宗皇帝书》《拟进士对御试策》等。苏轼反对新政主要集中在四个方面：一是反对王安石变法搞冒进，应当“徐进徐行”；二是反对王安石重复设置财税机构三司条例司，应当及时撤销；三是反对王安石改革搞“一刀切”，应区别对待；四是反对王安石只注重政策制定，不注重执行过程监管，导致政策执行走样。苏轼认为，改革首先要以民为本，应“先定其规模而后从事”，循序渐进。“一刀切”式改革并不可取，既要有总体规划，也应该对相关问题区别对待，制定政策亦需注重过程监管。考虑到当时的实情，针对部分新法措施在执行过程中加重了民众负担的情况，苏轼从安抚民心、百姓利益的角度提出具体建议，如撤销制置三司条例司，反对实行免役法与青苗法等。这一阶段，苏轼的“民本”思想得到了进一步发展，面对国家政治大变革，苏轼能考虑百姓的负担，冒着被贬官的风险，为民争利，上书请命。虽仍有不足，但这一阶段苏轼的“民本”思想较形成期更具有一定的现实意义。

第三阶段是“民本”思想的成熟期（1079—1101 年），即从“乌台诗案”发生到病故。1079 年，苏轼因所谓的“傍仙朝廷”，从知军州事贬为团练副使，并且差点丢了性命。在黄州期间，他认真反思自己过去的言行，也从他的《前赤壁赋》中反映出来，文中着重表现了他“变”与“不变”的相对主义理论和“物各有主”的观念，其中虽然有苏轼纵情山水与世无争的消极思想，但更主要的是一种旷达，一种洒脱，一种理智和超然，这实在是常人难及的。可见，历经五年谪居黄州的反思，这时的苏轼从思想上逐步认同了王安石的变法，其税收理念也逐步走向成熟。这时的苏轼已经认识到，全盘否定新法的赋税制度是不客观、不理性的，而赋税制度改革，也绝不是一蹴而就的事情，必须综合考虑到改革的方方面面。因此，后来面对司马光要尽废新法，苏轼也主张改革而不是守旧，上疏“极言衙前可雇不可差，先帝此法可守不可变”，指责司马光“其意专欲变熙宁之法，不复校量利害，参用所长”。另外，苏轼坚持在实践中推动改革，服务民生。比如，在登州任上五天，便做出了惠及后世的三件大事。元丰八年（1085 年），他在《乞罢登莱榷盐状》中提出，罢官府榷盐，使失业逃亡的灶户得以归业。苏轼的主张，得到皇帝和朝廷的认可和批准。又如，苏轼第二次到杭州任职时，应该说是被委以重任，而他更加尽心尽力为民造福，因此也赢得了政声。刘小川在《苏轼传》中写道：“杭州一年半，他治运河，开六井，浚西湖，筑苏堤，设‘安乐坊’治病救人，惩治有官方背景的黑帮头目颜氏兄弟……在临安（杭州）的地方志上写下了重重的几笔。”王水照、崔铭在《苏轼传》中写道：“苏轼上任不到一年，战饥荒，驱疾疫，疏浚两河，整治六井，雷厉风行，政绩卓越，赢得了杭州百姓一致的爱戴与信赖。他们深信，有这位脚踏实地、急民之所急的知州做主，再艰难的事情也是可以办到的。”在杭州、惠州、儋州任职期间，苏轼也以一种超然的思维理财和治税，为百姓谋福利。苏轼还上书皇帝为民呼吁减免税收，倡导和指导百姓发展农业生产，大力发展教育文化。苏轼在《自题金山画像》中概括自己的一生时说：“问汝平生功业，黄州惠州儋州。”

第三节 “民本”思想的核心内容

民为邦本，可以说是贯穿苏轼在朝为官全过程的核心理念，也贯穿其治税为民的一生。纵观苏轼一生的诸多事迹，其“民本”思想的核心内容可以总结为以下三个方面：

第一，重民。苏轼受儒家思想“民贵君轻”的影响较深，强调“民者天下之本”。这是他“重民”思想最直接的体现。

古代的圣人认为，要想治理好国家，比起拥有令人畏惧的实力，不如掌握令人爱戴的资本；比起不可动摇的权势，不如依托于百姓不忍叛乱的心。苏轼认为，天下并非君主的私有财产，而是人民的天下。如果君主随心所欲，依仗君权来统治天下，就如同“累卵”立在“太山”之上，那是很危险的，行差踏错将会导致严重后果，万万不可掉以轻心。因此，作为一国之君，要“深结天下之心”，如果君主依恃国家来统治人民，“其平居无事，犹有以相制。一旦有急，是皆行道之人，掉臂而去，尚安得而用之？”到那时，甚至“虽欲分国以与人，而且不及矣”。所以人心之得失，对于君主而言可谓头等大事。

苏轼一生不变的是他始终都认为民众是国家的根本，如果失去民心，国家必然会灭亡。因此，他一再强调君主必须以百姓为重。苏轼在《上神宗皇帝书》中说：“聚则为君民，散则为仇雠。聚散之间，不容毫厘。故天下归往谓之王，人各有心谓之独夫。由此观之，人主之所恃者，人心而已。……此理之必然，不可逭之灾也。其为可畏，从古以然。苟非乐祸好亡，狂易丧志，则孰敢肆其胸臆，轻犯人心。”这意味着如果君主得到了天下百姓的拥护，则君唱民和；而二者一旦离心，那么百姓就容易产生反叛的念头。所以说，天下归心才能称之为君王，而民心四散就只能成为孤家寡人。这样看，君王倚仗的无非是人心罢了，人心可畏的道理从古以来就是这样。除非君主本身就喜好灾祸希望国家灭亡，为人轻狂且容易丧失斗志，否则他就不敢肆意胡作非为，轻慢触犯人心。苏轼认为对以皇权为中心的封建中央集权制来说，以民为本的“重民”思想是安邦立国的根本，他的一生也始终将“民本”思想作为思考一切政治问题的出发点。

在治国方略上，苏轼认为，皇帝要以仁政聚民心而非武力治国。在《策别训兵旅三·策断一》中又说：“盖臣以为当今之患，外之可畏者，西戎、北狄，而内之可畏者，天子之民也。西戎、北狄，不足以为中国之大忧，而其动也，有以召内之祸。内之民实执其存亡之权，而不能独起，其发也必将待外之变。先之以戎狄，而继之以吾民，臣之所谓可畏者，在此而已。”苏轼认为，外敌尚不足虑，国之忧虑主要在于百姓，他们掌握了影响国家存亡的实权，如何安抚百姓才是当下应当审慎考虑的第一要事。一旦外敌侵扰引起内部祸乱，那么百姓便出师有名，国家的动乱也就不可避免了。

苏轼在《刑赏忠厚之至论》中一开篇就说："尧、舜、禹、汤、文、武、成、康之际，何其爱民之深，忧民之切，而待天下以君子长者之道也。"爱民忧民是圣人明君最突出之处，苏轼在文章中明确表明治理国家应"广恩""慎刑"。苏轼在《诸葛亮论》中也是一开篇就盛赞周王朝是"取之以仁义，守之以仁义者"。

苏轼不仅仅颂赞古代圣明君王、盛世王朝的"仁政"，还十分希望当今天子也成为施"仁政"的圣明君王。他在《上初即位论治道二首》中的《道德》开篇便说："人君以至诚为道，以至仁为德。守此二言，终身不易，尧舜之主也。"苏轼认为，宋朝建立百年来，先后已有六位君主治国，虽然他们的方法各不相同，但他们以"仁"治天下的治国方略是一脉相承的，这才有了现在"承平百年"的政绩。当今皇帝若能终身坚持"仁政"，必将成为像尧舜和宋朝六位先皇那般的圣明君王。

在朝为官时，苏轼始终认为国家之存亡依赖民心，民安则国安，即想要国家安定，就必须足够重视百姓，更需要关注不同阶层的不同民众。苏轼认为，国君与百姓的关系，应当是灯油关系、鱼水关系。苏轼在《再向皇帝书》中指出，自古以来一个国家的存亡主要依托在四种人身上，一是百姓，二是军队，三是官吏，四是读书人，一旦君主与这四种人离心，就足以生出变故，国家就会出现动荡。那么怎样认识国君与百姓的关系，怎样才能实现君民一条心呢？苏轼在京担任殿中丞直史馆判官告院兼任开封府推官时，就曾上书神宗皇帝说："人主之所恃者，人心而已。人心之於人主也，如木之有根，如灯之有膏，如鱼之有水，如农夫之有田，如商贾之有财，……，人主失人心则亡。"也就是说，作为一国之君，要依靠人心来统一国家，人心对于君主来说，正像木有根、灯有油、鱼有水、农夫有田、商人有钱……君主失去人心就会灭亡。

苏轼的"重民"思想，还体现在与王安石的争论上，王安石强调的是"强国富民"，而苏轼则强调"民富国强"。虽然都是四个字，但顺序不同，这个不同，带来的意思就千差万别。“民富国强”，反映了苏轼的基本观念：“民为贵，社稷次之，君为轻”。对于执政者而言，把什么放在前面，把谁看得更重，这关系到治国理政的方向问题，也关系到人心向背，不可大意。

苏轼在官场经历了跌宕之后，对于百姓的重要性，以及百姓的利益更加关切，晚年的苏轼继续坚持着自己的观点。“位之存亡，寄乎民。民之死生寄乎财，故夺民财者，害其生者也；害其生者，贼其位者也甚矣！斯言之可畏也，以是亡国者多矣。”他很形象地描述了君王所处的地位，即君主地位的存在或灭亡依存于百姓，百姓的生死依托于财产。因此，抢夺百姓财产的人，是妨碍他们生存的人；而妨碍百姓生存的人，地位也就不稳了。

第二，爱民。主张上自天子，下至各级官吏都应该关心民生、关注民意，爱民安民，减少“冗兵”“冗官”“冗费”，同时还需重视赈灾济民的社会救济。

苏轼认为，上至皇帝，下至官员，都要关注民生，这是爱民安民的首要任务。他早年在《策略五》的“深结天下之心”中提出的五条措施里就有“其二曰：太守刺史，天子所寄以远方之民者，其罢归，皆当问其所以为政，民情风俗之所安，亦以揣知其才之所堪。……其四曰：吏民上书，苟小有可观者，宜皆召问优慰，以养其敢言之气”。即一是希望皇帝询问太守所做的政事。太守刺史是受天子所托到各地为百姓做事的人，每当太守刺史回朝，皇帝都应当过问他们治理地方的情况、颁布的政策及当地民情风俗是否安定，以此评价他们的能力是否堪此重托。二是希望皇帝关心百姓安定，鼓励官吏勇于谏言。对官吏上书，即便是极其细微之处只要有可取的地方，都应当召问优待，以培养敢于谏言的风气。

为民请命，是苏轼一生的坚守，也是他爱民最直接的体现。比如，在担任陕西凤翔通判时，对于百姓遇到的问题就开始上书请求减免百姓的税收。在密州时，苏轼目睹蝗虫、手实法、免役法、榷盐法给密州老百姓带来的危害，就为百姓上书皇帝：“轼不敢论事久矣，今者守郡，民之利病，其势有以见及。

又闻自京师来者，举言公深有拯救斯民为社稷长计远虑之意。故不自揆，复发其狂言。”他认为身为地方长官要能够看清政策对百姓的利弊，应有拯救百姓并为社稷深谋远虑的心意。

苏轼非常注重“民本”思想的落实，不仅向皇帝请命要关爱百姓，而且经常替百姓向地方官请命，希望地方官员要关爱百姓。比如，苏轼贬官惠州时，虽为官，但不得签署公事。苏轼看到秋收在即，便写信给其表兄程正辅（当时为广州提刑），提请他制止地方官吏用过重折科掊克民财，以防“惠州秋田大熟，米贱伤农”。又如，当苏轼看到广州城内除官员及富户可得井水外，一城百姓尽饮咸苦之水，便又向广州知州王敏仲建议采纳罗浮道士邓守安的设计，筹建竹筒饮水工程，使“一城贫富同饮甘凉”。诸如此类的事例很多，这足以证明苏轼济世安民之心，始终不辍。

有人说苏轼的建议是非常及时的，也是非常现实的。当他发现自先帝以来，法律规定都不向五谷征税，使得丰收之乡的商人争相买入粮食，以抬高当地粮食过低的价格；灾荒之地，船车运作，以压低当地粮食过高的价格。但是由于变法，开始征收五谷力胜税钱，使得商人不再运作此事，农业商业都受到损害。于是，他便上书皇帝说：“在黄州，亲见累岁谷熟，农夫连车载米入市，不了盐茶之费；而蓄积之家，日夜祷祠，愿逢饥荒。又在浙西累岁，亲见水灾，中民之家有钱无谷，被服珠金，饿死于市。此皆官收五谷力胜税钱，致商贾不行之咎也。”① 意思是说，苏轼亲眼所见，由于国家征收繁重的五谷力胜税钱，使商贾从丰熟之地运五谷到饥荒之地变得无利可图，甚至亏本，都不愿意去贩运粮食，导致丰收之地米太多卖不出去，而饥荒之地有钱买不到米，因而出现“被服珠金，饿死于市”的惨状。因此，苏轼建议要“以物与人，物尽而止，以法活人，法行无穷”，以解民累。

---

① 张志烈，马德富，周裕锴．苏轼全集校注（第十三册文集四）［M］．石家庄：河北人民出版社，2011.

有鉴于此，苏轼提出：“今陛下每遇灾伤，捐金帛，散仓廪，自元祐以来，盖所费数千万贯石，而饿殍流亡，不为少衰。只如去年浙西水灾，陛下使江西、湖北雇船运米以救苏、湖之民，盖百余万石。又计粜本水脚官钱不赀，而客船被差雇者，皆失业破产，无所告诉。与其官私费耗，为害如此，何似削去近日所立五谷力胜税钱一条，只行《天圣附令》免税指挥？则丰凶相济，农末皆利，纵有水旱，无大饥荒。虽目下稍失课利，而灾伤之地，不必尽烦陛下出捐钱谷如近岁之多也。”① 与其花费大量的财力、物力和人力救灾，不如废除不合理的五谷力胜税钱对赈灾更有帮助。他认为神宗每次遇到灾伤就捐钱放粮，从元祐年开始，已经耗费数千万石粮食，饿死的人却不曾减少。如浙西水灾，皇帝让江西、湖北雇船运米来救助苏、湖的百姓，大概运输了一百多万石粮食。其间买米、运输与打点官饷的费用不计其数，而被雇佣的客船都失业破产，连上告的地方都没有。

苏轼的爱民主张，还体现在苏轼对赈灾济民的社会救济思想的重视。宋代虽然商业高度发达，但主要还是农业社会。农业作为国家的基础产业，抵抗灾害能力较低，受各种天灾影响最大，恢复时间最长，而且波及领域非常广，会影响到整个国家。据邓拓统计：“两宋前后四百八十七年，遭受各种灾害，总计八百七十四次……两宋灾害频度之密，相当于唐代，而其强度和广度，则更有甚于唐代”，而这还只是统计了有历史记载的，一些规模较小的可能并未载入史册，这样平均下来每年都会发生相当规模的灾害。简言之，宋朝进入灾害爆发高峰期时，往往一灾未平，一灾又起，各种灾情甚至出现重叠的现象。而中央和地方官员因疲于应付，往往会消极救灾甚至向朝廷谎报、隐瞒灾情，再加上战乱、苛政、弊政、赋敛等乱象，宋朝自然经常陷入恶性循环，造成次生灾害。

---

① 张志烈，马德富，周裕锴．苏轼全集校注（第十三册文集四）［M］．石家庄：河北人民出版社，2011．

苏轼认为，赈灾中及时给钱、给物固然重要，但钱和物是有限的，有的灾情可以在短期内消除，在大灾大难面前怎么办？因此，灾害发生后，怎么赈灾，何时赈灾，怎样保证赈灾有效，怎样防范灾害再次发生等问题，是必须认真思考的。苏轼建议，赈灾必须有一套完善、有效的制度作为保障，以帮助灾区尽快战胜灾害，为更多的百姓谋求生路。

在赈灾的策略上，苏轼认为，对已发生的灾荒应尽早赈济，否则，如果灾荒越来越严重，蔓延范围越来越大，就会引起灾民流移，甚至发生武装对抗，百姓将会面临更为惨烈而残酷的境况，而局面也将变得难以控制，又或者是要付出更大的代价才能使灾民得到安置，社会恢复稳定。苏轼举例说，当年熙宁时期浙西的灾情本来是由于天气干旱、米价昂贵，但致使灾伤加剧的另一个重要原因是沈起、张靓不事先向皇帝奏明，而是私自停止放米，因此错失控制灾情的最佳时机，造成富民贮存粮食而贫民买不到粮的境况。待饥民已经流亡他乡，朝廷才知晓，并下令江西和本路上供米接济施救，但无论是派人上门将米按人头分发，还是在街上分发米粥，都始终于事无补。饿殍遍野，继而发生疫病，死者达五十余万。城池萧条，损失巨大，税利都失常法。但反观元祐年间，浙西几郡，水旱接连，灾伤并不比熙宁少，此时皇上贤明，及时划拨本路粮食赈灾，随后一是减免元祐四年转运司供奉用钱买银绢上供，不损害县官一丝一毫的利益；二是开仓放米，米价自然下落；三是仍然免收五谷力胜税钱；四是赐度牒多道以助赈灾。因此，本路无一人饿死。苏轼在比较两次赈灾情况后指出，没有其他原因，事先处置得力而已。这也是苏轼强调面对灾情应提前准备，尽快做出物资应对的重要原因，同时也深刻地反映了他“爱民”的思想。

第三，富民。苏轼推崇孔子“百姓足，君孰与不足”的思想，认为国家财富皆来源于民，随着百姓收入增多、富足后，国家财政便会随其增多；而如果百姓贫困，则国家亦无财可取，财政失去来源。从百姓和国家两个角度出发，苏轼提出了“安万民”、“厚货财”、“省费用”、藏富于民等主张，即富民。

从苏轼一生的经历观察，除了被贬黄州、惠州、儋州，不得签署公事外，不论是在地方做官，或是在朝廷做官，均有权利直接向皇帝上书表状。每次表状都不为自己，而是讲百姓的疾苦，讲富民主张，讲革新除弊。著名的表状就有《论河北京东盗贼状》《乞医疗病囚状》《乞罢登莱榷盐状》《论役法差雇利害起请画一状》《杭州乞度碟开西湖状》等，这些“状”的内容，都是为解决老百姓生活问题而书写的。比如，熙宁四年二月（1071 年）的《上神宗皇帝书》中，他就历陈当时社会的积弊，力倡政治改革。苏轼从古今政治的比较中，看出了宋代的社会弊害在于“冗官”。他认为，从唐代中叶之后，这一积弊已越来越深，“及唐中叶，列三百州，为千四百县，而政益荒。是时宿兵八十馀万，民去为商贾，度为佛老，杂入科，率常十五。天下常以劳苦之人三，奉坐待衣食之人七。流弊之极”“今朝廷无事，百有馀年，虽六圣相授，求治如不及，而吏隋民劳，盖不胜弊。今者骄兵冗官之费，宗室贵戚之奉，边鄙将吏之给，盖十倍于往日矣”。[①] 苏轼发现当时驻扎军队八十多万，去做商人、僧人、道士和杂役的很多只有十五岁。天下辛苦劳作的人有十分之三，享受供奉的却有十分之七，这是极大的弊病。朝廷安宁一百余年，虽然有圣人相助，但是如果治理不及时，官吏堕落民众辛劳，则会带来说不尽的弊端。骄兵“冗官”的费用、宗室皇亲的供奉、边疆将士的补给，是往日的十倍之多。面对这种情况，是要以民意为重，还是一味照顾官吏的人情呢？苏轼的主张是严惩贪官污吏，减少皇族的浪费，裁减“冗官”，尽量减轻老百姓的负担。

又如，熙宁四年（1071 年）正月的《谏买浙灯状》奏折，也体现了苏轼为民争利、主张富民的思想。当时，苏轼任殿中丞直史馆判官告院权开封府推官。当他知道皇帝下令减价收购浙灯四千多盏时，就心急如焚，直言上书此种

---

① 张志烈，马德富，周裕锴．苏轼全集校注（第十六册文集七）［M］．石家庄：河北人民出版社，2011.

做法“不过以奉二宫之欢，而极天下之养耳。然大孝在乎养志，百姓不可户晓，皆谓陛下以耳目不急之玩，而夺其口体必用之资。卖灯之民，例非豪户，举债出息，畜之弥年。衣食之计，望此旬日。陛下为民父母，唯可添价贵买，岂可减价贱酬？此事至小，体则甚大”。他认为皇帝的做法会让百姓认为他是为了满足那些不急需的耳目之欲，而夺取了百姓的必备之需。卖灯的百姓，历来都不是有钱人家，举借债务要计利息，他们却要攒一整年才能还清。皇帝作为百姓的父母，只能加价购买，不能低价贱买。苏轼认为此事虽小，关系甚大。最终，神宗皇帝下令停止收购。

在王安石推行变法期间，苏轼根据他目睹的变法弊端，多次陈情上书皇帝：“青苗放钱，自昔有禁。今陛下始立成法，每岁常行，虽云不许抑配，而数世之后，暴君污吏，陛下能保之与？异日天下恨之，国史记之曰：‘青苗钱自陛下始，岂不惜哉！’”[①] 苏轼认为，青苗法施行后，每年都要照常执行。虽然不允许强行摊派，然而数年后不知道会发展成什么样，那时如果出现乱象天下百姓都会怨恨皇帝。

同年三月，苏轼在《再上皇帝书》中又指出：“《书》曰：‘与治同道，罔不兴；与乱同事，罔不亡。’陛下自去岁以来，所行新政，皆不与治同道。立条例司，遣青苗使，敛助役钱，行均输法，四海骚动，行路怨咨。自宰相以下，皆知其非而不敢争。臣愚蠢不识忌讳，乃者上疏论之详矣，而学术浅陋，不足以感动圣明。”他认为神宗从去年以来所实行的新政，都与治理国家的原则有一定的背离之处。设立条例司，派遣青苗使，收助役钱，施行均输法，使得天下骚乱，各地百姓怨声载道。宰相以下的官员都知道新政的不足之处却不敢争辩。苏轼说自己愚钝不知道忌讳，就上书对此详细论证，但学术浅薄不足以感动皇帝。实质上还是向皇帝声诉百姓的苦难，期盼能让皇帝回心转意，为

① 张志烈，马德富，周裕锴．苏轼全集校注（第十六册文集七）［M］．石家庄：河北人民出版社，2011.

百姓争取更多利益。

苏轼也自知向皇帝上书是很危险的事情，不仅得罪皇帝，而且会得罪同僚，甚至招来杀身之祸，但他仍然时常冒着生命的危险，坦然地说：“臣非敢历诋新政，苟为异论。……然而臣之为计，可谓愚矣。以蝼蚁之命，试雷霆之威，积其狂愚，岂可数赦？大则身首异处，破坏家门，小则削籍投荒，流离道路。”① 苏轼从民众利益出发来为民请命，甚至敢于冒着死刑或灭门的风险，其为民争利之勇气可见一斑。

苏轼敢于为百姓发声，多次向皇帝上书，反映现行政策的不合理性并提出修改意见为民争利，为改善民生殚精竭虑。虽不能说他从根本上真正改变了百姓的苦难命运，但他付出的努力确实使百姓的生活有了改善，在一定程度上实现了“富民”的初衷。

第四节　“民本”思想的具体实践

苏轼不仅在理论上认识到“民”对国家的重要，形成了以“民本”思想为核心的政治理想，而且一生都在为“民”争取利益，不管是在朝廷还是地方为官，甚至是在贬谪时期，苏轼都关心着百姓的利益，一生都在为百姓的利益而努力。苏轼坦言他爱民，他认为他应该爱民。可以说，“民本”思想是苏轼为官最主要的思想基础。苏轼也在自己的官场生涯中将“民本”这一核心理念落到实处，他一生的政绩则是最好的写照——防范救灾，罢手实法，施行德政，修水利营榷盐，安民富民；思民之所思，想民之所想，胸有墨水，上书陈词，得民之爱戴，后世之敬仰。

---

① 张志烈，马德富，周裕锴．苏轼全集校注（第十六册文集七）［M］．石家庄：河北人民出版社，2011.

一、为民请命，增赏钱，罢手实

1. 增强盗赏钱，捐税救灾

从古至今，各朝各代都存在盗患、匪患。宋代虽然商品经济发达、文化繁荣，但盗患、匪患仍然严重，老百姓时常担惊受怕过日子，为此，朝廷还专门设立了一种税叫强盗赏钱，专门用于捕盗开支、奖励捕盗者和举报盗贼的人。苏轼先后在陕西凤翔、杭州州任通判时，其中一项职责就是分管盗狱，因深知其中的艰辛，所以他十分重视此项工作，也掌握了盗患发生的基本规律。比如，熙宁七年（1074 年），三十九岁的苏轼从杭州通判任上调往山东密州任职时，在上任途中，“致君尧舜”的苏轼发现，熙宁七年（1074 年）自秋至冬，方圆几千里之内，都没有下雨，麦子因此无法播种。苏轼就预感到密州地区将在来年出现“春夏之际，寇攘为患”，并且将“甚于今日”，情况已经到了“公私匮乏，民不堪命”的地步。苏轼到达密州后，担任密州的行政长官一职，通过实地调查发现，当时正是宋代自然灾害的多发期，“蝗旱相仍，盗贼渐炽”，更何况密州处于京东腹地，关系中原，影响国家安危。过去抓盗贼，赏钱标准是“准法，获强盗一人，至死者给五十千，流以下半之”。即依据法律，每抓获一名强盗，判至死刑的，奖励赏钱五万，判处流放刑罚及以下的，给半数赏钱。而现在的规定是：“灾伤之岁，皆降一等。既降一等，则复减半，自流以下，得十二千五百而已。”按道理来讲，灾年发生盗患的可能性更大，或者说会更严重，需要的捕盗经费应更多，而制定政策的人不仅不增加，反而“减半”，使本来标准就很低的盗赏钱更低了，完全不符合实际情况，其主要原因是制定政策的人没有正确考量缉盗的人力成本和社会成本。苏轼在密州进一步发现，凡是发现一个盗贼的踪迹，上告并参与抓捕盗贼的人经常不少于四五个，若抓捕失败，则会被盗贼所杀害。如果幸运地抓捕成功，那么凡是参与盗窃的人都将缉盗者当作仇人。缉盗的难度如此大，要使四五个百姓冒着丧命的危险支抓盗贼，却让他们总共只分得一万两千五百钱，显然不合理。因此，苏轼认为，既然缉盗这么危险，就更不应该减少赏钱。

神宗熙宁七年（1074年）十二月，苏轼知任密州时，当地已经是连续七年大旱，当年又是“今又不雨，自秋至冬”。而此时王安石希望通过改革克服天灾所带来的不利情况在全国首次遭受挫折，神宗皇帝对王安石的态度也由支持转为怀疑，最终罢免王安石的宰相之职，并命令原本就对青苗、保甲等新法存有敌意的韩维起草诏书，要求臣下直言朝政缺失。苏轼到任便发现当地存在三大难题：一是蝗灾严重，农民用蒿蔓裹着蝗虫埋入土中，堆成的一座座土堆，绵延二百多里。二是盗贼横行，多年剿杀仍不绝，而强盗赏钱减半。三是难民很多，叛乱时有发生。于是，苏轼多次上书朝廷，认为当前必须抓紧做好以下三方面的工作：

一是迅速灭蝗，以解民困。苏轼一上任便为民请命，撰写了《上韩丞相论灾伤手实书》，指出：“轼到郡二十余日矣。民物椎鲁，过客稀少，真愚拙所宜久处也。然灾伤之余，民既病矣。自入境，见民以蒿蔓裹蝗虫而瘗之道左，累累相望者，二百余里，捕杀之数，闻于官者几三万斛。然吏皆言蝗不为灾，甚者或言为民除草。使蝗果为民除草，民将祝而来之，岂忍杀乎？轼近在钱塘，见飞蝗自西北来，声乱浙江之涛，上翳日月，下掩草木，遇其所落，弥望萧然。此京东余波及淮浙者耳，而京东独言蝗不为灾，将以谁欺乎？郡已上章详论之矣。愿公少信其言，特与量蠲秋税，或与倚阁青苗钱。”上书中描述了蝗灾带来的悲惨景象，也提出了国家应该将部分秋税捐献出来用于赈灾的建议，希望能通过减少征收秋税，或者暂时停止征收苗青时的田赋附加税等方法来减轻蝗灾给百姓带来的痛苦。朝廷采纳了苏轼的建议，使百姓及时消灭了蝗灾。

二是增加强盗赏钱，打击盗贼。强盗赏钱是地方官府税收支出的重要项目之一，“臣勘会密州盐税，去年一年，比祖额增二万贯，却支捉贼赏钱一万一千余贯”。面对支出如此巨大的赏钱，他又指出，密州“风俗武悍，特好强劫，加以比岁荐饥，椎剽之奸，殆无虚日”。而这些强盗，如果任其发展，势必会对朝廷执政造成威胁。五万钱和农民起义相比，哪个重要显而易见。“夫灾伤之岁，尤宜急于盗贼。今岁之民，上户皆阙食，冬春之交，恐必有流亡之忧。若又纵盗而不捕，则郡县之忧，非不肖所能任也。”即在受灾的年份，尤其应该防范盗贼。当年的百姓，富裕之家都缺少食物，冬春之交的时候，恐怕将发生流民侵扰的忧患。如果又放纵盗贼而不去抓捕他们，那么这些人给郡县造成的忧患，就不是其能解决得了的。总之，缉盗的赏钱，是不应该减少的。“自轼至此，明立购赏，随获随给，人用竞劝（争着努力捕盗），盗亦敛迹”。对于打击盗患，苏轼在《与王庆源书》中就叙述了在他组织捕盗前，当地豪门大族没有哪一天不被抢劫的，而今通过实实在在的捕盗才安定下来。

三是为民让利，保障民生。苏轼在捕盗的过程中发现，所谓的盗贼，实际上都是无地农、佃农，日子实在过不下去了才沦为盗贼，以求保命，从而出现了“冒法而为盗则死，畏法而不盗则饥”和“相率为盗，正理之常，虽日杀百人，势必不止”等现象。于是苏轼发出了“上不尽利，则民有以为生，苟有以为生，亦何苦而为盗?”的感叹。感叹之余，苏轼认为，光靠武力镇压，难以根除叛乱。要想彻底平息叛乱，必须让百姓能生活下去，这样“贫民有衣食之路，富民无盗贼之忧”。正因如此，苏轼在密州期间，对强盗进行抓捕的同时又在他力所能及的范围内，为减轻百姓的痛苦做了一些工作，至今密州人民对于苏轼当年所做的贡献仍然津津乐道。

苏轼祈请捐税治灾，组织当地老百姓灭蝗，奖励灭蝗有功之人，得到了百姓的拥护。奏请增强盗赏钱，主要是因为流寇作乱，威胁百姓性命，缉盗风险极高，现行标准不足以吸引百姓，收效甚微；并且，流寇聚集将会影响国家安危，动摇国祚，以五万钱换国之安定，实为大善。同时，苏轼意识到流寇产生的根源是百姓衣食无着，部分百姓沦为盗贼只因生存的基本需求未能得以满足。以上这些举措既凸显了苏轼为国为民的政治情怀，又体现了他的政治敏锐性，而其对于密州匪患的处理方式，也充分展现了苏轼的“民本”税收思想。

2. 罢手实法，为民请命

苏轼到任密州后还发现，百姓的苦除了天灾、盗患外，还有就是行道之人皆知的“方田均税之患”，也就是当时推行的手实法。手实法，也称“首实法”“手实状”，是唐宋时期官府令民户自报田地和财产，并以此作为征税的办法。唐初，行租调庸法时，官府在每年年底命地方基层单位的百姓自报年龄及土地面积，编成册簿，名为“乡帐”。但是，在当时的条件下，很多老百姓根本不识字，无法填写，只能由乡长、保长、里长或识字之人代为填写，又无户主的保证辞，真实情况使人怀疑，受罚者众。

苏轼认为这种手实法于民有害，于是向上反映并质疑，要求罢免手实法。苏轼反对手实法原因有二：一是手实法公开要求百姓向朝廷公开自己的财产，使百姓的隐私受损；二是告讦之风或取一时之效，然败人心，坏伦俗，不宜提倡。为了解决这些问题，苏轼也提出了新的解决方案，即通过“五等古法”来确定役钱。一、二、三等是大户，应负担主要役钱，把应出钱数派给他们，由他们去分摊；四、五等户又各分为上、中、下三等，五等下户最穷，不当出分文，其他的四、五等户也较贫困，“须令出钱至（最）少”。苏轼上书不久后，由于手实法的施行造成了滋事扰民的严重后果，给朝廷的变法招惹了不少是非，因而回复苏轼“暂缓行”。一年以后，宋神宗下令在全国废止此法，并罢免了吕惠卿参知政事之职。很难想象，若苏轼也盲从上级，不管政令于民有利还是有害，不知会闹出什么样的后果来？由此看来，苏轼对于罢除手实法做出了重要贡献。

苏轼反对手实法、反对告密制度，在当时的时代背景下具有重要意义。古代的告密制度是高度集权下君主专制的产物。君主虽然拥有至高无上的权威和权力，但因其信息渠道并不畅通，告密就成为防范危机情势，强化权威，巩固统治的重要部分[①]。然而，告密会使得人人自危，甚至引起诬告之风，这也是

① 郭莹．中国古代的“告密文化”［J］．江汉论坛，1998（4）．

苏轼反对告密的主要原因①。现代社会意义上的举报制度是对违法犯罪行为的举报，可以增加违法者的犯罪成本，达到恐吓潜在违法者的作用，同古代告密制度有较大差别，两者的目的、举报范围和场合截然不同。苏轼对手实法的反对恰恰揭示了古代告密制度存在的问题，普通百姓的心理受政策的持续高压影响，构建在伦理道德基础上的社会关系因利益冲击而表现出异化倾向，百姓间的不信任感有所增强，这都将导致百姓举报之事的真实性受到影响。从苏轼对该法的批判也可以体会到其关注百姓生活及民俗民风，能够切实从百姓的层面思考政策的制定与施行，真正做到爱民为民。

二、实行德政，救弃儿，设医院

1. 设立医院，泽被苍生

元祐四年（1089 年）七月，苏轼任职杭州，发现杭州由于地处江南，气候湿润，河流密布，加上贫困和医药匮乏，百姓的生活常处于旱涝灾害及瘟疫频仍的环境中。苏轼见到此等状况，立即投入抗灾，吩咐众人多做些稠粥和药剂，并派出官员和医生，在多处设坊为病人医治，被救活的人不计其数，这也是我国最早的半官方救济医院的雏形。但此时杭州贫病之人实在太多，于是，身为杭州知州的苏轼一方面从杭州知州库中拨付一定的钱来作为医院经费，另一方面发动群众筹款，自己也带头捐款用作医院经费。苏辙在撰写苏轼的墓志铭中写道："公又多作饘粥药剂，遣吏挟医，分坊治病，活者甚众。公曰：'杭，水陆之会，因疫病死比他处常多。'乃裒羡缗得二千，复发私橐得黄金五十两，以作病坊，稍畜钱粮以待之。至于今不废。"苏轼离任杭州后，因高升回京，一位长期关心他的挚友送来黄金五两、白银一百五十两作为礼物。盛情难却之下，勤政廉洁的苏轼就将这笔礼金转赠安乐坊。

为了保证安乐坊的正常运行，苏轼每年以千斛租米作为基金保证安乐坊的

① 李辉．中国传统"告密文化"之政治学考量［J］．内蒙古社会科学（汉版），2006（5）．

基本开支，保其运转正常。而对于筹集到的捐款则用来购买田地，所获之利再来添助安乐坊的经费。在大夫的配置方面，安乐坊聘请懂得医道的僧人坐堂治病，如果僧人医术高明，三年之内治愈病人达千人以上，可由官府奏请朝廷赐给紫衣以示奖励。要知道在当时的政治背景下，民有民衣，官有官衣，官民的衣着界限分明，并且当时同样是当官的，职务高低不同，其官服的颜色也不相同，官职较低的穿红色官衣，官职达到一定职别后才能穿紫色官衣。据记载，只要是安乐坊的大夫，每人都持有医疗登记簿（即“手历”），用来记录治疗的人数，至年终加以统计并作为考核的依据。苏轼创办的安乐坊，既得到了百姓的称赞，也引起了朝廷的关注和重视。在苏轼的带动下，各地均广泛设置安乐坊，并加以规范管理。后来，在施行过程中，安乐坊与居养院合流，功能渐趋完善。初创时以救疗贫病之民为主要目的的安乐坊，逐渐发展成为以“养民之贫病者”“处民之有疾病而无告者”为宗旨的医疗机构。不难发现，苏轼创办并资助的为百姓免费治病的病坊明显带有官办民助的性质，这也标志着为老百姓服务的官办医院正式出现。

由此可见，在北宋中期之前，朝廷对于民生疾苦还未达到高度的重视，百姓的利益难以得到有效的保障，国家也缺乏较完善的慈善事业，但是自北宋中期之后，慈善事业开始取得长足的发展。应该说，在其中以苏轼为代表的儒士确实起到了相当重要的作用。

2. 救助弃儿，实行德政

在中国历史上，宋朝的地域面积并不大，出产有限，且每年还给辽、金、夏等国岁币，虽然商品经济比较发达，但百姓的生活还是很艰苦的，特别是人地冲突和贫困，使得一些地区出现较为严重的杀婴现象，如福建路，“不举子之习，惟闽中为甚”。朱熹的父亲朱松在福建做官时，曾记“闻闽人不喜多子，以杀为常，……则虽有法而不能胜”。绍兴六年（1136 年）八月，王迪奏：“臣闻闽、广之间，往往有不举子之风。以成丁之后，还为家害，故法虽设而莫能禁。”绍兴至乾道年间，赵善俊知建州，“建州俗生子往往不举，善俊痛绳之、给金谷，捐己奉，以助其费”。孝宗时，礼部员外郎范成大曾就臣僚请以福建等路有不举子之风，乞支钱米以救贫之一事，上奏道：“姑以臣前任处州言之，小民以山瘠地贫，生男稍多，便不肯举，女则不问可知。”

弃婴杀子，是非常残酷的手段。究其原因，除百姓贫苦，生多了养不起外，还有就是宋代税赋制度的影响。宋朝的税赋制度是有“公田之赋、民田之赋、城郭之赋、丁口之赋、杂变之赋”五类。其中丁口之赋，“百姓岁输身丁钱米是也”。身丁钱的征收，与生子不举现象亦有着直接的关系。身丁钱始于五代时各割据政权在东南一带实行的一种税收政策。宋朝建立以后，规定男子二十成丁，六十为老，人户每岁按丁输纳钱米和绢，总称身丁钱。太平兴国五年（980 年），福州每丁定纳钱一百。淳化五年（994 年），苏州每丁纳钱二百，睦州每丁纳钱六百九十五，处州每丁纳钱五百九十四。广南诸州田税不足，赋税收入以征身丁钱为主，《宋会要》记载：“广南东、西两路民间有曾祖父母存而身未成丁之人，访闻州县便行科纳，谓之挂丁钱。”往往男子年才十二三，便有纳身丁之患。江南东路的太平州“民生子必纳添丁钱，岁额百万，民贫无以输官，故生子皆溺死”。

苏轼非常痛恨弃婴杀子的行为。据其所著的《与朱鄂州书》记载，苏轼在密州任职时，就经常见到许多人家遭遇天灾和饥荒后，不得不把嗷嗷待哺的儿女弃之城跟或道旁。为了解决这一问题，他带头“洒涕循城拾弃孩”，设法从官仓中拿出部分粮米专门用以收养弃儿。与此同时，他还采取民养官助的办法，四处动员家中无儿女者领养各地的弃孩，并规定凡每养一弃儿者，官府“月给六斗”粮米补贴。几年间，救活被遗弃的孩子达数千人。十年之后，苏轼于元丰八年（1085 年）赴任登州路过密州时，那些当年被收养活下来的弃儿及其养父母闻知，纷纷前往苏轼住处感谢救命之恩。

后来苏轼被贬黄州，在自己落难并且不得签署公事的情况下，对收养弃婴之事仍然放不下。当他听说武昌一带百姓也是经常杀婴，对于初生婴儿，“辄以冷水浸杀，其父母亦不忍，率常闭目背面，以手按之水盆中，咿嘤良久乃死”“岳鄂间田野小人，例只养二男一女，过此辄杀之。尤讳养女，以故民间少女，多鳏夫”。苏轼为此闻之酸辛，为食不下，痛心疾首。苏轼认为，这种愚昧落后的民俗实在违背人性。“父子之爱，天性故在，特牵于习俗耳”，杀自己的新生孩子，尤其是杀女婴，破坏了人类的性别平衡，造成比例失调，“民间少女多鳏夫”，阻碍了人口增长和自然婚配的平衡。于是他向鄂州知州朱寿昌写信，并以自己在密州用剩余劝诱米“收养弃儿”为例，希望朱昌寿及时制止这些行为。

苏轼反对杀婴的主张，建立在“夫中国之地，足以养中国之民有余也”的思想基础之上，而且他是从人道主义立场出发反对残害性命的。反对杀女婴破坏性别的自然平衡，这在封建时代很少见到。同时，苏轼发挥社会和国家的救助力量，发动亲友，利用官米救助弃儿，具有重要的积极作用。苏轼反对杀婴体现了他对于深陷税收重负、沉重灾难中的百姓的同情和尽己所能及为官一任、造福一方的政治担当。

三、泽被苍生，浚西湖，兴水利

苏轼曾先后两次任职杭州，分别是在熙宁四年（1071 年）任杭州通判，元祐四年（1089 年）任杭州知州。在任职期间，苏轼做出不少为国为民的事情，最值得一提的是兴修水利。特别是浚西湖，堪称大手笔。

1. 疏浚钱塘六井

杭州地处江南，虽然水多，但城中之水苦恶，人不能食，需要到很远的山上背泉水喝。唐代李泌曾在杭州凿六井，引西湖水以民用，之后，白居易又进一步治湖浚井，然而到苏轼任杭州通判时，有的井已经无法使用了。六井不治，百姓用水问题就无法解决，因此，苏轼和陈述古便开始整治六井，百姓“以罂缶贮水相饷如酒醴”“方是时，汲者皆颂佛”。但由于当时采用竹管引水，容易损坏，所以到苏轼第二次任职杭州时，如沈公井等井早已枯竭，居民常常要以八九钱才能买到一斛水。于是苏轼找到前次参与治井、已年过七十的老僧子珪商量办法，经过反复试验，最终选择以瓦筒饮水，筒外再盛以石槽，“底盖坚厚，锢捍周密，水既足用，永无坏理”，并把六井之水引至一城，使杭州百姓从此喝上了清泉水，不再守着水而不能喝。苏轼当年疏浚的六井，部分水井的遗址至今仍存，静静地向世人述说着当年苏轼的功绩。

2. 疏浚茅山河、盐桥河

杭州城近海，城内还有运河与海相通，经常发生的江潮带着大量泥沙，相互碰撞，造成淤塞运河，行舟困难，因此，每隔三五年就需要疏浚一次。但每次疏浚，军民劳苦，贪官污吏趁机敲诈，居民被迫行贿，每次疏浚完备，污泥堆积成山，雨水冲刷后又流入河中，不久之后又需疏浚。不仅影响交通，而且影响经济。苏轼任知州了解此事后，疏浚茅山、盐桥二河各十余里，水皆深八尺以上，以茅山河专受江潮，以盐桥河专受西湖水，而后又修一个闸门，以防江潮进入城中运河，以此防止潮水入城，免骚扰之患。河道疏通后，漕运随之兴起，南来北往的客商不断涌入杭州城，杭州也迅速成为真正的江南鱼米之乡。

3. 疏浚西湖

唐代白居易曾经疏浚西湖，引水灌溉千余顷田亩，以后每年疏浚。但自宋开国，疏浚频率降低，湖水逐渐干涸，长满野草。杭州靠海，西湖是杭州主要的淡水湖，是杭州百姓的生活用水，可以说没有西湖便没有杭州。但由于山涧泄洪、葑草淤泥，再加上西湖水中一种疯长的水生植物茭白根，西湖湖面变窄，水面被大量水生植物覆盖，影响运河的使用。百姓的饮水和灌溉只能通过潮水供水，但潮水中淤泥众多，如果又遇到连续干旱，西湖水涸草生，鱼虾菱藕几近绝迹，沿湖的农田得不到及时灌溉，百姓饮水困难，生活受到极大影响。

苏轼任杭州通判时，西湖已淤塞十之二三。当苏轼再次来到杭州出任杭州知州时，西湖已淤塞过半，杭州百姓相率向苏轼请求疏浚西湖。他们认为，西湖之利上自运河，下及民田，关系民生，若不整治西湖，“倏忽便满，更二十年，无西湖矣”。看着杭州百姓的期盼，重民、爱民、富民的苏轼用其综合的、系统的思维方式，深刻的见解，独特的眼界，向朝廷先后上书《乞开西湖状》和《杭州乞度牒开西湖状》，从五个方面陈述西湖不可废的理由。一是西湖蛟龙鱼鳖甚多，一旦堙塞，以西湖作为生存环境的野生动物将无法生存。二是西湖为淡水之湖，杭州城为江海故地，水泉咸苦，故自唐李泌始引湖水作六井，然后民足于水，井邑日富，百万生聚，待此而后食。现在西湖变得狭小，水也变浅，导致六井之水日少。如果再不疏浚西湖，那么再过二十年之后，西湖将尽为葑田，则杭州全城之人又只能饮咸苦之水了。三是西湖之水好像一个巨大的蓄水池，西湖水满，下湖数十里间，茭菱谷米，所获甚丰，可无凶岁，但是如果西湖堙塞，蓄水灌溉之利不复存在，下湖的百姓生活就困难了。四是周边运河之水与西湖相通，西湖水阔，将有利于水运，如果靠江潮行船，河床三年就会由于淤积而需要开浚，那将花费大量的人力、财力，会给百姓带来莫大的生活上的不便，也影响漕运经济。五是西湖水质好，百姓常以湖水酿酒，岁课二十余万缗。如果西湖日渐浅狭，水质就会变坏，那么百姓酿酒用水就要到远处汲取山泉，将付出“二十万工”的劳动力，必然会影响国家每年“二十余万缗”的酒课收入。

从苏轼的这些主张中可以看出，苏轼对西湖和杭州的情况，以及百姓的期盼掌握得很清楚，提出的建议也是切实可行的，所以他的谏言很快得到了朝廷的许可，从而给百姓带来了福音，再次呈现了“欲把西湖比西子，浓妆淡抹总相宜”的西湖美景。今日的游人漫步在西湖苏堤上，无不想起苏轼治湖的情景。

为了把西湖疏浚好，苏轼采取了一系列生态、环保的举措。特别是在运用税收力量方面，对西湖治理的成功起到了至关重要的作用，其做法主要包括两点：

第一，巧用度牒筹集资金，充实治湖启动所需。这是苏轼白手起家治理西湖的巧作之一。所谓度牒，就是朝廷对于依法得到公度为僧尼者所发放的证明文件。僧尼持有度牒，可以明确其出家人身份，得到相应的保障，同时，还可以免除地税和遥役。度牒起源于南北朝，盛行于唐宋，主要是由于唐宋佛教盛行，加之当时的政策规定僧尼可以免除地税、丁税和力役，并且受政府保护，所以很多人都愿意出家。为了防止过多人员出家当僧尼，影响国家财税收入和军队边防，唐玄宗命令祠部开始颁发度牒，实行计划管理，进行收费，并明确所收费用充入军费和行政开支等方面。为了得到度牒，有人开始炒作度牒，到了宋代，其价格暴涨，并且用途越来越广泛，甚至可以买卖东西，充当货币使用。苏轼正是利用了度牒能避力役和避税收的特殊性，向朝廷申请度牒，获取度牒后将其有偿授予僧尼，将收取的款项用来购买大米赈灾，这种既不增加朝廷赈灾负担，又可以快速筹集救灾资金的方式在当时的历史条件下无疑是十分巧妙的，因此苏轼上书申请“别赐臣度牒五十道，仍敕转运、提刑司，于前来所赐诸州度牒二百道内，契勘赈济支用不尽者，更拨五十道价钱与臣，通成一百道，使臣得尽力毕志，半年之间，目见西湖复唐之旧，环三十里，际山为岸”。西湖疏浚后，苏轼又组织在湖中种菱，以其收入作为以后开浚西湖的费用。

第二，坚持“以工代赈”，实行综合治理。苏轼在西湖治理过程中将税收筹集起来，用于公共服务，极大地改善了西湖百姓的生存环境。苏轼将税收收入用于建造治病场所，通过微利运营贮存钱粮来防备疫病。对于西湖淤塞难以通航的状况，则动用朝廷赈灾资金疏浚湖区，建造闸门，修筑长堤。这一系列的工程，离不开朝廷资金的投入。这些举措也有力地改善了西湖的民生，对百姓改善生产生活条件、抑制疫病流行起到了至关重要的作用。苏轼大力实施两河疏浚工程，解决了西湖洪水泛滥的问题；同时，用剩余的财政资金疏通了早已淤塞的六口井，解决了百姓的生计问题。

苏轼通过朝廷的拨款，组织人员修缮西湖，开垦荒地，既治理了西湖，又通过“以工代赈”的形式解决了大量西湖周边百姓的生计。通过开垦出的荒地的再利用，既弥补了西湖前期治理朝廷赈灾款项的投入，又为后续治理储备了物质基础。从长远的角度来看，这既是一种利用少量的国家财政收入来进行基本设施建设的方法，也是一种为当地的老百姓办实事的发展方略，在当时来说是难能可贵的。

四、与民让利，厚待船夫，反官营榷盐

1. 厚待押运船夫，禁止官吏勒索

过去由于陆路交通不发达，主要靠水运，所以漕运历来是国家的一项主要收入来源。天禧二年（1018 年），扬州发运司逐渐掌管东南漕运，于仁宗宝元元年（1038 年）成为领导和监督东南各路潜运的最高机构。由于事务繁杂，中间环节过多，官吏往往上下其手，侵盗官粮，造成相当大的损耗。此外，当时的船夫都是力役，不仅没有收入，反而还要自带粮食参与漕运，为此，扬州发运司过去听任船夫私载货物，直至英宗治平三年（1066 年），设勾当公事，以国子博士傅永充任，“专点检诸州军籴纳，并转般仓卸纳，及自装发至京下卸，常往来觉察纲运中奸弊”。为此，神宗朝立下仓法规定，亏损百钱就要判刑，满十贯钱就要刺配沙门岛。这样的规定导致每年因纲运亏欠被流放的人也不可胜数，这些人“衣粮罄余折会，船车尽于折卖，质妻鬻子，饥瘦伶俜，聚为乞丐，散为盗贼”。但是，神宗的规定并没有改变现实，特别是不准私载货物的规定实施后，船夫只好靠盗取官物维持生活，弄得公私两困。1092 年，苏轼任职扬州后，发现嘉祐以前“岁运六百万石，而以欠折六七万石为多”，而在他任职扬州前一年，“止运四百五十余万石，而欠折之多，约至三十余万石”，少运四分之一，却多亏损四五倍。苏轼认为，江淮粮纲亏损的根源，一是官吏盗粮，二是虽有仓法，但船夫实在太贫困，不许他们私载货物。因此，苏轼指出，对于官吏只要择吏得当，赏罚严明，“亦贤于立空法而人不行者远矣”。对于船夫，苏轼建议朝廷厚待船夫，禁止税务官吏盘点剥削，恢复旧有办法，允许船工适量私载货物，让船夫有以为生，漕运损失就会自然减少。针对船夫苛政的问题，苏轼通过阐明苛政前后官府收入的增减变化而使其主张得

到朝廷采纳。

对以船夫为代表的社会弱势群体的关注，是苏轼心系民生的显著印证。苏轼在其上书中通过列举具体数字的方式向朝廷陈述了利弊，阐明苛政对百姓的剥削，以及对国家利益的损害，并提出适量私载、合法收税、规范择吏等可行的解决方案，保障民生，赢得了百姓的广泛称赞。

2. 反对官营榷盐、与民争利

榷，就是专卖的意思。榷盐是指盐实行专卖，就是政府把产盐区严格控制起来，同时严禁百姓生产私盐和倒卖官盐，这样盐就成了朝廷专卖。朝廷再把产盐区的盐户组织起来，让他们把产的盐以低价卖给朝廷在地方所设的“场”或“监”等行政单位，再把盐加上收购价的十倍甚至更高的税，卖给盐商，由他们转售给各地百姓的一种盐业经营制度。这种制度早在秦朝就有了，真正在全国统一推行是在唐代中后期。榷盐制度，起源已久。早在春秋时期，齐国就凭借管仲的这一政策，富强而霸。汉武帝通过盐铁会议决策，也使国力大增。唐代肃宗开始任命盐铁铸钱使，进而专卖。以后的宋、元、明、清都一直沿用。

对于宋代的榷盐制度，同唐代基本一致。宋真宗时规定，盐户交纳额盐时，每交正盐一石，纳耗盐一斗，仅给钱五百文，合每斤三文多。后来虽然盐价有所增加，如仁宗天圣初（1023 年）规定：“正盐三石，原定价五百文省，上依海州、涟水军例添钱一百文省。”至熙宁前（1068 年）盐价已增加为斤“钱六、七十”。当时朝廷给亭户的盐本钱，每斤不过二十文左右，贱买贵卖，一进一出，“视去盐道远近，而上下其估利，至十倍者”。至于蜀盐，价格更昂贵。如剑南诸州，“宋初官粜于民每斤钱七十，豪民黠吏，相与为奸，贱市于官，贵粜于民，至有斤获钱数百”。熙宁九年（1076 年），成都府路盐斤为钱二百五十。买价和卖价之比，为十倍与数十倍之间，如此厚利盘剥，百姓的痛苦可想而知。东南、京东、河北均出产海盐，不过后者与东南海盐相比数量较少，由于边防形势的影响，其政策与东南海盐有很大不同。

压低收购价，加重了对盐民的剥削。提高食盐的卖价，增加了消费者的负担，以攫取更多的榷盐利益。早在仁宗时期，有人建议河北榷盐，余靖、张方平等人纷纷上表反对，最终未能实行。

榷盐制度在河北、京东两路并未施行，这是当时的税收“特区”。河北盐从宋初即实行通商，太祖开宝三年四月诏，朝廷准许河北路及京东东路食盐“听民间估贩，唯收税钱，不许官榷”①，实行“以盐定税”，史称“天下之盐皆禁”，唯“河北一路盐无榷”。后来，新党改革者致力于提高国家的财政收入，他们对于税收“特区”的存在是无法容忍的，因此力图改变这个现状，建议对京东、河北增加盐税或建议政府对盐业专营。此时，苏轼正在密州任知州，此时的密州隶属于京东东路。苏轼知密州之初，当地蝗灾、旱灾不断，百姓生活困苦，民不聊生，岁凶民贫。考虑到当时密州的严峻状况和特殊治理环境，苏轼对于在京东、河北榷盐的政策持反对意见。熙宁七年（1074 年），苏轼就曾向皇帝上书《论河北京东盗贼状》，阐明了他对于河北、京东东路榷盐的看法，从政治、经济两个方面，对增加盐课、官营榷盐的征税成本进行了精细分析，明确反对增加盐课、官营榷盐这种与民争利、逼民造反的所谓“改革”。

论河北京东盗贼状

河北、京东，自来官不榷盐，小民仰以为生。近日臣僚上章，辄欲禁榷，赖朝廷体察，不行其言，两路官民，无不相庆。然臣勘会近年盐课日增，元本两路祖额三十三万二千余贯，至熙宁六年，增至四十九万九千余贯，七年亦至四十三万五千余贯，显见刑法日峻，告捕日繁，是致小民愈难兴贩。朝廷本为此两路根本之地，而煮海之利，天以养活小民，是以不忍尽取其利，济惠鳏寡，阴销盗贼。旧时孤贫无业，惟务贩盐，所以五六年前，盗贼稀少。是时告

① 陈建锋．试析苏轼商业思想［J］．商业时代，2011（15）．

捕之赏，未尝破省钱，惟是犯人催纳，役人量出。今盐课浩大，告讦如麻，贫民贩盐，不过一两贯钱本，偷税则赏重，纳税则利轻。欲为农夫，又值凶岁。若不为盗，惟有忍饥。所以五六年来，课利日增，盗贼日众。臣勘会密州盐税，去年一年，比祖额增二万贯，却支捉贼赏钱一万一千余贯，其余未获贼人尚多，以此较之，利害得失，断可见矣。欲乞特敕两路，应贩盐小客，截自三百斤以下，并与权免收税，仍官给印本空头关子，与灶户及长引大客，令上历破使逐旋书填月日姓名斤两与小客，限十日内更不行用。如敢借名为人影带，分减盐货，许诸色人陈告，重立赏罚，候将来秋熟日仍旧，并元降敕榜，明言出自圣意，令所在雕印，散榜乡村。人非木石，宁不感动，一饮一食，皆诵圣恩，以至旧来贫贱之民，近日饥寒之党，不待驱率，一归于盐，奔走争先，何暇为盗？人情不远，必不肯舍安稳衣食之门，而趋冒法危亡之地也。议者必谓今用度不足，若行此法，则盐税大亏，必致阙事。臣以为不然。凡小客本少力微，不过行得三两程。若三两程外，须藉大商兴贩，决非三百斤以下小客所能行运，无缘大段走失。且平时大商所苦，以盐迟而无人买。小民之病，以僻远而难得盐。今小商不出税钱，则所在争来分买。大商既不积滞，则轮流贩卖，收税必多。而乡村僻远，无不食盐，所卖亦广。损益相补，必无大亏之理。纵使亏失，不过却只得祖额元钱，当时官司，有何阙用？苟朝廷捐十万贯钱，买此两路之人不为盗贼，所获多矣。今使朝廷为此两路饥馑，特出一二十万贯见钱，散与人户，人得一贯，只及二十万人。而一贯见钱，亦未能济其性命。若特放三百斤以下盐税半年，则两路之民，人人受赐，贫民有衣食之路，富民无盗贼之忧，其利岂可胜言哉！若使小民无以为生，举为盗贼，则朝廷之忧，恐非十万贯钱所能了办。又况所支捉贼赏钱，未必少于所失盐课。臣所谓“较得丧之孰多，权祸福之孰重”者，为此也。

苏轼后来又在《上文侍中论榷盐书》中进一步阐述对于密州榷盐问题的观点。

上文侍中论榷盐书

顷者三司使章惇建言：“乞榷河北、京东盐。”朝廷遣使案视，召周革入觐，已有成议矣。惇之言曰：“河北与陕西皆为边防，而河北独不榷盐，此祖宗一时之误恩也。”轼以为陕西之盐，与京东、河北不同。解池广袤不过数十里，既不可捐以予民，而官亦易以笼取。青盐至自敌中，有可禁止之道，然犹法存而实不行。城门之外，公食青盐。今东北循海皆盐也，其欲笼而取之，正与淮南、两浙无异。轼在余杭时，见两浙之民以犯盐得罪者，一岁至万七千人而莫能止。奸民以兵仗护送，吏士不敢近者，常以数百人为辈，特不为他盗，故上下通知，而不以闻耳。东北之人，悍于淮、浙远甚，平居椎剽之奸，常甲于他路，一旦榷盐，则其祸未易以一二数也。由此观之，祖宗以来，独不榷河北盐者，正事之适宜耳。何名为误哉！且榷盐虽有故事，然要以为非王政也。陕西、淮、浙既未能罢，又欲使京东、河北随之，此犹患风痹人曰，吾左臂既病矣，右臂何为独完，则以酒色伐之，可乎？

今议者曰：“吾之法与淮、浙不同。淮、浙之民所以不免于私贩，而灶户所以不免于私卖者，以官之买价贱而卖价贵耳。今吾贱买而贱卖，借如每斤官三钱得之，则以四钱出之，盐商私买于灶户，利其贱耳，贱不能减三钱，灶户均为得三钱也，宁以予官乎？将以予私商而犯法乎？此必不犯之道也。此无异于儿童之见。东海皆盐也。苟民力之所及，未有舍而不煎，煎而不卖者也。而近岁官钱常若窘迫，遇其急时，百用横生，以有限之钱，买无穷之盐，灶户有朝夕薪米之忧，而官钱在期月之后，则其利必归于私贩无疑也。食之于盐，非若饥之于五谷也。五谷之乏，至于节口并日，而况盐乎？故私贩法重而官盐贵，则民之贫而懦者或不食盐。往在浙中，见山谷之人，有数月食无盐者，今将榷之，东北之俗，必不如往日之嗜咸也，而望官课之不亏，疏矣。且淮、浙官盐，本轻而利重，虽有积滞，官未病也。今以三钱为本，一钱为利，自禄吏购赏修筑廒庾之外，所获无几矣。一有积滞不行，官之所丧，可胜计哉！失民而得财，明者不为。况民财两失者乎？

且祸莫大于作始，作俑之渐，至于用人，今两路未有盐禁也，故变之难。遣使会议，经年而未果。自古作事欲速而不取众议，未有如今日者也。然犹迟久如此，以明作始之难也。今既已榷之矣，则他日国用不足，添价贵卖，有司以为熟事，行半纸文书而决矣。且明公能必其不添乎？非独明公不能也，今之执政能自必乎？苟不可必，则两路之祸，自今日始。

总结上述苏轼文章中的观点，其反对在河北及京东东路实行榷盐制度的原因有以下四个：

第一，从历史的角度来看，朝廷垄断盐业产销，在河北、京东两路没有先例。密州由于其东临黄海，有着漫长的海岸线，蕴含的海盐资源十分丰富，沿海孤贫无业之民，多以贩盐为生。河北、京东两路自古不实行榷盐政策，有其历史、地理等缘故。其特殊之处在于靠近辽国，辽盐物美价廉，若河北、京东两路榷盐则会导致盐价上升，失去竞争力，使辽盐涌入而铜钱外流；如果朝廷加以干涉，则可能影响两国关系。此外，河北、京东两路不仅有海盐，而且多州“地多碱卤”，散漫零落，庆历六年（1046 年）监察御史何郯提到“民唯以煮小盐为业，衣食赋税皆出于此”，故难以有效禁榷。再则，宋初以来，京东路大部分地区施行商税盐法，河北路施行以百姓纳两税盐钱而通行商税盐，历史遗留问题使得两路榷盐与其他地区相比难度加大。正因为自古以来两地区都没有实行榷盐的政策，所以突然施行会很困难。

苏轼对于这种只追求政策的施行速度，而不考虑百姓的承受能力，改变祖宗之法、急于求成的做法是十分不赞成的，一旦有了先例，将会贻害无穷。苏轼认为，如果现在轻易地在两路施行榷盐政策，那么等到国库空虚、国用不足的时候，掌管的部门便会习以为常，仅仅通过半纸文书便可以决定将盐高价卖出。这样一来，每当国家遇到财政困难，就会依赖性地通过高价卖盐的方法来解决，形成恶性循环。

第二，从百姓利益的角度来看，无论是增加对盐的课税还是朝廷垄断食盐的产销，都会对百姓的实际所得产生不利影响。“今盐课浩大，告讦如麻，贫民贩盐，不过一两贯钱本，偷税则赏重，纳税则利轻。欲为农夫，又值凶岁。若不为盗，惟有忍饥。所以五六年来，课利日增，盗贼日众。”① 苏轼任密州知州时，密州正值“凶岁”，即正值饥荒，增加对盐业的课税，将进一步损害百姓的利益，使得良民不得不以盗窃为生。如今盐业课税繁重，揭发他人的人众多，贫苦老百姓辛辛苦苦贩卖食盐，所得到的不过是一两贯的收益，如果按规定缴纳税款获得的收益将更加微薄，但偷税漏税却能获得较多钱财。售卖食盐的百姓想要务农但是又正值饥荒之年，他们若不去偷盗，就只能忍受饥饿。所以近五六年来，苛捐杂税越发繁重，盗贼也越多。

第三，从社会安定的角度来看，京东、河北两路的百姓民风强悍，如果朝廷垄断食盐的产销，将会造成社会的波动，影响朝廷统治的根基。“轼在余杭时，见两浙之民以犯盐得罪者，一岁至万七千人而莫能止。奸民以兵仗护送，吏士不敢近者，常以数百人为辈，特不为他盗，故上下通知，而不以闻耳。东北之人，悍于淮、浙远甚，平居椎剽之奸，常甲于他路，一旦榷盐，则其祸未易以一二数也。”苏轼引用两浙私盐走私的庞大队伍，连官府都装作毫不知情的“案例”，意在强调与两浙相比更彪悍的京东东路之人，一旦官府榷盐，没有了最后生路的他们，恐怕会惹出更大的事端。

密州地处京东，是腹心根本之地，而此地与中原的离合，常常关系着国家的安危，“王者得之以为王，霸者得之以为霸，猾贼得之以乱天下”“京东之贫富，系河北之休戚；河北之治乱，系天下之安危”。朝廷垄断盐业的产销，与民争利，会给当地的百姓带来更大的负担。只有给老百姓以生路，才能避免逼民为盗，逼民造反，维持社会安定。

---

① 喻世华. 论苏轼对征税成本的精细考量：以密州榷盐为例［J］. 乐山师范学院学报，2020，35（2）.

第四，从聚拢民心的角度来看，针对低价回收、低价售卖的建议，苏轼认为如果价格制定不合理，只会造成民财两失的结果。密州食盐每年的税收收入，相当于一百九十多万磅食盐的价值，而这只是一个县的数字。官员能将这些盐买光吗，人们会舍得放弃利益不私下贩卖盐吗？答案显然是否定的。朝廷垄断盐业的产销，而今民间灾害频发，用钱处甚多，官府难以用有限的财政资金买断所有的食盐，久而久之，其中的利益必然归于贩卖私盐的商贩。两浙有一万七千人因贩卖食盐而犯罪，而且到最后都没能禁止这种行为，京东的民风比两浙更凶猛。即使官员能将盐都买光，他也必须做到把盐卖光。如果做不到，剩下的盐只能囤积在仓库里变质。苏轼根据自己在淮河和浙江的经验，认为淮河和浙江的官方食盐成本很小并且有利可图，虽然有积滞，但是不会造成很大的危害。如今在密州，官府以三钱为购盐成本，一钱作为利益，除去购盐之外的花费，便所剩无几了，如果再造成食盐积滞，则会损失惨重。盐虽不像五谷是百姓生存的必需品，但售价制定不合理，百姓只会选择抑制口腹之欲，减少盐的购买，民心会受到影响，税收自然也无法获得。得了钱财失去民心，明智的官员都不会做，更何况钱财两失的事情呢？

其实，曾经给朝廷上书，请求不要榷盐的不只苏轼一人。据《宋史》记载，靠近海边的地方有一个盐场，每当饥荒的时候，众多百姓就会去盐场中偷盗，官吏逮捕他们，情节严重的会赐死。曾在密州任职的王博文上书请求不要在密州施行官府垄断食盐的产销的政策，并取得朝廷的认可。另一位重要人物张观也同样在其给朝廷的书信中写道："旧法，京东通安邑盐，而濒海之地禁私煮"。张观上书认为，百姓都是趋利避害的，虽然将情节严重的偷盗者进行处置，但是并不能从根本上制止百姓的偷盗行为，所以他请求下令停止在密州施行官府垄断食盐产销的政策，为百姓提供便利。"臣闻道在天圣中，蔡齐知密州。是时东方饥馑，齐乞放行盐禁，先帝从之，一方之人，不觉饥旱。"由此看出，苏轼提出官府不要垄断食盐的产销，并不是无理的要求，而是根据实际情况提出的建议，能够为百姓提供便利，这体现了苏轼的"民本"思想。

五、一心为民，防范灾害，昼夜救灾

1. 防范灾害，实事求是

苏轼批判部分官员为了政绩隐瞒灾情的行为，并主张及时防范天灾让百姓财产免于灾害。元祐四年（1089 年），苏轼第二次出知杭州，就发现“冬春积水，不种早稻。及五六月水退，方插晚秧，又遭干旱，早晚俱损，高下并伤，民之艰食，无甚今岁。见今米斗九十足钱，小民方冬已有饥者。两浙水乡，种麦绝少，来岁之熟，指秋为期，而熟不熟又未可知”。他认为浙西一带多雨，冬春季常有积水，不适宜种植早稻，待到五六月份，积水退去，才能种植晚稻，但又因为遭遇干旱，早稻晚稻的收成均遭到影响，高株矮株都受到伤害，百姓从没有遇到过比当年更艰难的情况。现在一斗米九十钱，冬季刚至便有食不果腹的百姓，两浙水乡，种麦极少，来年的丰收，只能等待着秋季的来临，而能否成熟又无人可知。“民之艰食，无甚今岁”，杭州一带是水乡，较少种麦，一直要到第二年秋天才有收成，但第二年的收成又很难断定。为了让百姓免于天灾，苏轼对杭州的受灾情况毫不讳言，并提出了自己的救灾思路。

苏轼“深恐来年春夏之交，必有饥馑盗贼之忧”，熙宁中，这里也闹过灾荒，“人死大半，至今城市寂寥”。

苏轼在《奏浙西灾伤第一状》中写道：“至于救灾恤患，尤当在早。若灾伤之民，救之于未饥，则用物约而所及广，不过宽减上供，粜卖常平，官无大失，而人人受赐，今岁之事是也。若救之于已饥，则用物博而所及微，至于耗散省仓，亏损课利，官为一困，而已饥之民，终于死亡，熙宁之事是也。”①

这意味着救济灾患，关键是在于早做安排。如果受灾的百姓在粮食未尽的时候就得到救助，那么便能减少救灾所需要的物资并且增加救助的范围。不过

① 苏轼．苏轼文集［M］．长沙：岳麓书社，2000.

是稍微减少供品，售卖常平米，官员没有大的过失，而人人都能接受恩赐，当年的事情便是这样。如果受灾的百姓在粮尽之后才得到救助，那么救灾所需要的物资多而获得救助的范围小，以至于耗费省仓，亏损税收利益，官员为此所困，而饥饿的百姓也难逃一死，熙宁的事便是这样。

苏轼又举正反例子说明道：“去年浙西数郡，先水后旱，灾伤不减熙宁。然二圣仁智聪明，于去年十一月中，首发德音，截拨本路上供斛斗二十万石赈济，又于十二月中，宽减转运司元祐四年上供额斛三分之一，为米五十余万斛，尽用其钱，买银绢上供，了无一毫亏损县官。而命下之日，所在欢呼，官既住籴，米价自落。又自正月开仓粜常平米，仍免数路税务所收五谷力胜钱，且赐度牒三百道，以助赈济。本路帖然，遂无一人饿殍者，此无它，先事处置之力也。”相比之下，“勘会熙宁八年，本路放税米一百三十万石，酒课亏减六十七万余贯，略计所失共计三百二十余万贯石。其余耗散不可悉数。至今转运司贫乏不能举手。此无它，不先事处置之过也”，去年浙西一带的数郡，先涝后旱，灾害程度不亚于熙宁，但百姓安宁，没有受灾之人，没有别的原因，这都是事先规划的功劳。相比之下，熙宁八年（1075 年）的灾祸，耗费巨大，直到现在转运司依然贫困而无可作为，这都是没有事先安排的过错。由此可以发现，事先预备、积极救灾与否，效果差别分明。苏轼作此对比以强调事先奏请的重要性，基于此国家才能迅速反应，做好准备，在不利因素扩大前及时遏制灾情。

若在灾害发生之初，就给予百姓救助的话，结合百姓自救，不但见效快，而且费用少。如果等到灾害变得严重，百姓家产损失殆尽，丧失自救能力时，只能徒然等待朝廷救助，朝廷往往也只能救得了一时，救不了根本。老弱病残之人最终难免于死亡，勇博之人则或沦为强盗或聚众起义，而朝廷也耗费大量人物财力，最后却难以见效，还会加重百姓的怨恨，扰乱国家的秩序，耗费更多时间和人力、物力、财力来恢复。

赈灾的重点在于储备粮食、稳定粮价，不管是旱灾还是水灾抑或其他灾害，最终都可能衍变成饥荒。苏轼以为“求来年救饥之术，别无长策，惟有秋冬之间，不惜高价多籴常平米，以备来年出粜”。事实也证明，“为见浙西饥馑，全赖常平粜米，所救活不可胜数”，就是要多买粮食，即使高价收购也要早做粮食储备，待灾害发生时实行政府管制粮价的措施，以平价出售维系百姓生计，“来年准备大计，全在广籴常平斛斗，于正月以后，便行出粜，平准在市管价，以免流殍之灾”。苏轼还主张减少米粮上供，“宽减转运司上供额斛三分之一，即时米价减落”，目的就是让百姓多储备米粮，增加市场供货，最终使米价回落，这与储备粮食稳定粮价本质相同。

为防止饥民铤而走险，惨祸再现，苏轼立即上奏朝廷，申报灾情，请求缓交浙西七州的上供米，他又上奏请求赐予僧尼度碟二百道，为救灾筹集款项。为了及时筹集救灾粮款，苏轼接连呈上七道奏本，筹划救灾的各项事宜，丝丝入扣，巨细无遗，如《奏浙西灾伤第一状》《奏浙西灾伤第二状》《相度准备赈济第一状》《相度准备赈济第二状》《相度准备赈济第三状》等。他请求从没有遭灾的邻近地区收购粮食，并减免运粮船只的税项，根据《宋史》记载，苏轼“请削去力胜钱之条，而行天圣免税之制”来鼓励船只积极运粮，此外将减免的上供米及义仓里的存米在饥荒时节投放市场，以平抑粮价。尽管这次水旱之灾非常严重，但在苏轼的领导之下，杭州的粮价一直都保持平稳，百姓得以安然度过凶年，避免了百姓流离、饿殍流亡的残酷景象。元祐五年（1090年）年初，苏轼看到灾情愈加严重，在《乞降度牒召人入中斛斗出粜济饥等状》中指出：“然约度见管米数，恐只至四五月间，必然粜尽。若秋谷未登，粜场不继，即民间顿然阙食，深可忧虑”，并提出将修缮杭州官舍的钱用于买粮，赈济灾民，“先济饥殍之民，后完久坏屋宇”。苏轼的请求减少了杭州的税负，给百姓带来了国家救济、杭州米价回落的福音，适才元祐五年（1090年）春无人饿死。

同时，许多地方官员明哲保身，生怕别的州郡灾情波及自己所辖地，影响政绩，因而实行粮食禁运。苏轼在《奏淮南闭籴状（二）》中说道：“臣近为光州固始县朱皋镇官吏违条禁止本州汝阴县百姓朱宪收籴稻种，不令过淮。及取到行人杨佶等状称，是淮南官场籴米，立赏禁止米斛过淮，致本州收籴军粮不行，及农民阙种，城市阙食。”[①] 光州固始县朱皋镇官吏违反条例，禁止本州汝阴县百姓收购稻种，不准许他们过淮南界，据杨佶等百姓的状据所说，这是由于淮南官场买米，悬赏禁止米斛过淮，导致本州难以收集军粮，以致农民无法种植，城市缺少粮食。灾害发生往往波及范围广，这种做法实际上不过是在加速灾情的扩散，最后波及各州，皆不免为灾情所困。实行闭籴，不但不利于抗灾救灾，还会加重灾情，甚至直接导致灾情，本来不至于成灾的也可能因为不积极应对而演变成灾了，“近年诸路监司，每遇米贵，多是违条立赏闭籴，惊动人户，激成灾伤之势”。苏轼认为，近年来各路监司，每次遇到米价上涨，大多是违背条例，悬赏禁止籴米，惊动民户，诱发形成灾害。因此，苏轼对闭籴政策极为反对，主张坚决制止。

苏轼“民本”思想的一个重要体现就是积极赈灾济民，为百姓生命财产安全着想。苏轼提出未雨绸缪的理念，即所谓“事豫则立，不豫则废”，其赈灾主张就是“安之于未动，救之于未危”。苏轼在面对灾情时，实事求是地报告情况，并基于民众的实际情况，请求朝廷减免税收、放款赈济，这都在一定程度上控制了天灾所影响的范围，减少了人祸的发生。

2. 同情百姓，昼夜救灾

苏轼在凤翔任职期间，曾几度遇到严重的旱情。古代农民都是靠天吃饭，耕种庄稼之后唯一能够做的就是静静地等待降雨。如果当年雨水丰足，百姓就有可能获得充足的粮食；如果当年天公不作美，那么百姓只能眼睁睁地看着田地荒废，禾苗枯萎。苏轼亲眼看到了旱灾给百姓带来的灾难，“千夫挽一木，十步八九休。渭水涸无泥，菑堰旋插修。对之食不饱，余事更遑求”，这真实地反映了大旱来临之时，河水干涸、百姓无食的困难生活状态。束手无策之

---

① 唐鹏．苏轼政论散文研究［D］．扬州：扬州大学，2013.

际，苏轼甚至幻想自己能够像传说中的李靖那样，巧遇龙王，得以跨上天马，行云布雨，解救人间的干旱，消除自然灾害给百姓带来的巨大痛苦，“至人旧隐白云合，神物已化遗踪蜿。安得梦随霹雳驾，马上倾倒天瓢翻”。这些都真实地展现了苏轼对百姓的关心与牵挂之情。

3. 革除积弊，情法两平

杭州位于江南富庶之地，盛产丝绸，是北宋文武百官官服的供应之地。按照宋朝法令，杭州民户的夏税可以用绸绢来缴纳。元祐四年（1089 年），苏轼以龙图阁大学士身份知州杭州后不久，就发现杭州当地民户在上缴绸绢抵税的过程中，积弊甚多。苏轼在《奏为法外刺配罪人待罪状》中写道：“近年民间例织轻疏糊药绸绢以备送纳，和买夏税官吏，欲行拣择，而奸猾人户及揽纳人递相扇和，不纳好绢，致使官吏无由拣择，期限既迫，不免受纳。岁岁如此，习以成风。”① 为革除此弊，其命令负责税收的官吏对百姓交纳的绸绢进行筛选，严格把关，不允许交纳质量粗劣的绸绢。此令一出，杭州百姓反响很大。据苏轼自述：“至七月二十七日，有百姓二百余人，于受纳场前，大叫数声，官吏军民，并皆辟易。遂相率人入州衙，诣臣喧诉。”②

发生这样的群体性事件，苏轼并没有强力弹压，而是“以理喻遣”，婉言安抚。百姓散去后，苏轼对此起事件进行了认真的分析。他认为，事件的背后一定有人策动，否则不会聚集二百人以上。随后，便对此展开了广泛深入的调查，最终认定颜氏兄弟犯罪情节严重，且给革除税收之积弊带来了损害。于是苏轼在“常法”之外，判处颜氏兄弟二人刺配本州牢城。通过处理颜氏兄弟，使杭州城内呈现了“人户一时送纳好绢，更无一人敢行喧”的景象。

在这里，笔者要特别提出，苏轼所称的“常法”，其本人未列明何种何条常法，当时的台谏、朝臣对苏轼法外处刑给予的“仍放罪”中也未指明是何种常法，有关历史书籍也未列明应依据何种常法处置，因此尚待进一步查考。

---

①② 曾枣庄、刘琳．全宋文（第 85 册）[M]．上海：上海辞书出版社，2006.

有的学者认为，苏轼判罚颜氏兄弟太轻，怕朝廷责罪，所以才上表《奏为法外刺配罪人待罪状》，请求朝廷宽恕自己。也有的学者认为，苏轼判罚颜氏兄弟太重，在按照常法处理的基础上，因为“事关利害”，又加重对其的处罚，所以才上表《奏为法外刺配罪人待罪状》，也是请求朝廷宽恕自己。总之，从这一案例来看，苏轼在“事关利害”问题上，对于“蠹害甚深”的人或行为，不仅具有较高的法律自觉，而且还是有“人情味”的，力图做到断之以法或“情法两平”。

本着仁政爱民的为官理念，即使身处低位，苏轼也还是把他的“爱民”思想落到实处，希望能造福一方百姓。比如，熙宁十年（1077 年）苏轼改知徐州，刚到任不足四个月就遇暴雨，致使黄河澶州决口，洪水很快淹没了四十五个县，并且殃及徐州。苏轼临危不惧，日夜坚守在城楼上指挥抗洪。一面向当地百姓请教抗洪的经验，一面火速征集民夫五千余人抢修堤坝，加固城墙，还请求徐州禁军出兵支援。不久，就在城南为徐州城筑起了一道长堤，首起戏马台，尾连内城墙，在之后的日子里，东南长堤也陆续竣工，直到十月洪水渐渐退去，黄河恢复故道。其间苏轼既要指挥军民抢险堵水，又要筹集粮款救济灾民，昼夜不得休息，整天身披蓑衣，手拄木杖，东奔西走，几过家门而不入，最终使这场巨大的洪灾以苏轼和徐州百姓的胜利而宣告结束，苏轼的处理也使得徐州全城百姓的生命财产逃过一场浩劫。

苏轼怀着“太公治齐，周公治鲁”的理想，秉持着儒家“勤政爱民”的信念，踏进了仕途。所谓任官一处，惠民一方，苏轼将自身的不幸与广大人民的不幸联系起来，农民群众的凄苦便成了他自己的凄苦，这就是促使苏轼做出一系列“民本”实践的感情基础。苏轼一生坚持自己的政治信仰，以爱民、重民、护民为使命，将为民谋福祉作为其施政的出发点，是一位踏实勤恳、心系民生的官员。可以说，凡是在苏轼足迹经过的地方，他都深受百姓爱戴。

第五节 “民本”思想的评述

苏轼一生宦海升沉，但始终关注现实，关心国计民生，尽可能为天下的百姓多做点事情。即使晚年困厄岭南，自身难保，仍然执着地表示“少壮欲及物，老闲余此心”。苏轼不管自己的处境如何、身份如何，爱民亲民都始终是他人生中不变的价值诉求。

“民本”是苏轼经世济民的思想核心，也是其在朝为官的出发点和立足点。其“民本”思想源于先秦时期儒家的仁政爱民思想，遵从于孔孟之道；少时受先父苏洵的影响，苏轼形成了耿直仗义、同情贫苦百姓的性格；而波折跌宕、仕途不顺的人生经历也令苏轼扩大了民本之“民”的范畴，令其更为贴近下层百姓，力求恭俭，爱惜民力。因此，他后期在地方任职时更能体恤民情，忧其所忧，关注民众的切实需求与实际利益。

基于苏轼宦海沉浮的经历，其“民本”思想经过了形成期、成长期和成熟期三个阶段，最终可凝结为三大核心内容——“夫天下者，非君有也，天下使君主之耳”的“重民”思想；强调关注民意、关注民生的“爱民”思想；反映民间疾苦，为百姓请命的“富民”思想。苏轼“民本”思想的核心内容历经王朝更迭，岁月变迁，甚至直到今天，仍然具有一定的现实意义与参考价值。

苏轼始终以“民本”思想指导实践，从内心爱民，无论官居何位，始终追求利国利民。税收关乎百姓切身利益，国家的平稳运行需要民众缴纳税收；反之，税收也应用于保障百姓安全，提供公共服务，维护其利益。因此，他主张税收取之于民的同时，也需要用之于民。苏轼理解百姓的实际需求，理解其思维模式，还将农民起义与税收负担联系起来，从保障百姓基本生存需求入手提出建议。因此，苏轼主张面临灾情时应捐税救灾，防范灾害；他同情弱势群体，施行德政，爱民护民；以富民为己任，疏浚杭州，兴修水利，反对官营榷盐，安民富民，让百姓休养生息，力争做到税收取之于民、用之于民。

苏轼的“民本”思想在一定程度上继承了传统的儒家思想，同时也有自己的独特之处。他并不满足于拘守儒家本义，而是取他家之说来充实和完善自己的思想。儒家主张“为政以德”，注重教化的作用；而法家主张“用刑于将过”，即在犯罪发生后果断用刑，苏轼将二者有所融合，提出作为社会规范的法，依然应当以人情为根本，主张因法以便民。他还提出赏可以过，罚不可以过，应将刑赏与仁义联系起来考虑，以仁义作为刑赏的标尺。苏轼的民本思想固然在当时具有一定的时代先进性，但是由于其没有做过宰相，这让他无法站在一个更高的政治层次上纵观整个国家的内忧外患。

综合来看，苏轼的“民本”思想既遵循儒家经典理论，又结合了他为官的实践经验；既有儒家思想的传承，又在一定程度上有所发扬。虽有一定的历史局限性，但他经世济民的智慧和以民为本、以人心为重的理念也是我国历史长河中宝贵的精神遗产。

第三章　苏轼的“轻税薄赋”思想

在苏轼的众多税收思想当中，轻税无疑占有举足轻重的地位。在上书朝廷的众多奏折中，苏轼提议罢“赋税赏格钱”、免除积欠，重视百姓的税收负担。同时，苏轼也创作了无数聚焦百姓税收负担的伟大诗篇，这些作品深刻而鲜明地体现了其轻税的政治主张。

熙宁五年（1072 年）冬，苏轼任杭州通判，受江南转运司差遣，帮助湖州知州勘察堤堰、治理水患。在此，苏轼看到江浙一带稻谷晚熟、秋雨成灾，百姓无力应对苛税弊政的压迫，处境日益艰难。此时，王安石新法已逐渐在全国推行开来，其中青苗法原为在青黄不接时救济百姓所设，其在缓解宋朝的社会矛盾和调节封建生产关系方面发挥了一定的积极作用。但随着执行深入，地方政府为了邀功，强行让百姓向官府借贷，新法逐渐变质为官府辗转放高利贷、牟取暴利的苛政。

苏轼反对新法的急于求成，认为这是对百姓利益的一种损害，他主张“轻赋”，希望通过缓和的改革兴利除弊。面对江浙一带的现状，始终心系百姓的苏轼满怀忧愤，挥笔写下诗歌《吴中田妇叹》：

吴中田妇叹

今年粳稻熟苦迟，庶见霜风来几时。
霜风来时雨如泻，杷头出菌镰生衣。
眼枯泪尽雨不尽，忍见黄穗卧青泥！

茅苫一月垅上宿，天晴获稻随车归。
汗流肩赪载入市，价贱乞与如糠粞。
卖牛纳税拆屋炊，虑浅不及明年饥。
官今要钱不要米，西北万里招羌儿。
龚黄满朝人更苦，不如却作河伯妇！

在这首诗中，苏轼生动地描述了“稻熟苦迟”“秋雨成灾”“谷贱伤农”背景下农民真实的生活图景：风雨不歇，地下潮湿，耙头镰刀都长出霉衣；短暂天晴，抓紧抢收，却难卖良价，入不敷出；卖牛交税，拆屋煮米，生民不堪其苦，无路可走。

苏轼在诗中的主要观点有三个：

一是对民生疾苦的同情。正如诗的前八句所写，秋天本是收获的季节，但突如其来的暴雨阻止了粳稻的收割。由于长时间的大雨和潮湿，用于收割农作物的农具发霉、镰刀生锈。这里用农具“出菌”和“生衣”凸显灾难的严重性，体现了农民处境之艰难。“眼枯泪尽雨不尽”，化用了杜甫《新安吏》中“莫自使眼枯，收汝泪纵横。眼枯即见骨，天地终无情”的诗意。“茅苫一月垅上宿，天晴获稻随车归”，为了拯救粳稻，农民们在田头附近搭建了茅草棚并留守其中，化悲愤为行动，积极地投入收割的行动之中。待到雨过天晴，便“获稻随车归”，其中无尽的担忧和艰辛溢于言表。

二是对苛税弊政的揭露。自后六句，苛税虐政的弊端逐渐显露，而其给百姓带来的灾难远远大于天灾。稻米的价格像麸皮和碎米一样低廉，于农民而言，短暂的喜悦变成了更大的悲伤。辛苦的劳作只换来如此微薄的收入，而沉重的税收负担不得不通过卖牛来偿还，为了做饭，农民们又被迫拆掉房子里的木头，以备急需。诗中的“官今要钱不要米”触及了王安石新法弊端的本质。新法（如青苗法和免役法）规定不能用米来代替税钱，百姓有大米，但政府不收大米，百姓没有钱但是政府的赋税必须缴纳税钱，农民们手中稻米积压却难以出售，赋税沉重而无力偿还，这导致了大米的廉价和货币的短缺。当时，为了对抗西夏，王安石还采纳了王韶的建议，安抚西北的沿边羌人蕃部，虽然利于巩固边防，但同时也花费了很多的财政资金，这又不可避免地增加了百姓的负担。苏轼通过这一事实，深刻地揭露了新法之弊。

三是对轻税薄赋的期盼。诗的最后两句借用龚遂和黄霸的典故将整首诗的气氛推向高潮。龚遂和黄霸二人皆任太守，又都是主张体恤人民、施行宽政的清官。这里的“龚黄满朝”显然具有讽刺意味。“河伯妇”指的是《史记》中西门豹的故事：战国时期，邺县的贵族和女巫利用“河伯娶妇”勒索钱财，伤害人民。西门豹被任命为邺县县令时，施计将女巫扔进了河里。这里作者用以表明在被迫无路可走时，百姓认为不如投河自尽，可见苛税弊政害人之深重。整首诗的字里行间，无不体现着苏轼对江浙百姓悲苦生活的同情和对苛政的控诉，其轻税的思想由此可见一斑。

苏轼对于轻税薄赋的期盼，还体现在元祐元年（1086 年）其所写的《乞不给散青苗钱斛状》中，文中有言：“提举官速要见功，务求多散，讽胁州县，废格诏书，名为情愿，其实抑配。”新法把包括专门负责新法实施的提举常平官在内的地方官吏的成绩作为考察内容，使新法实施者过分注重表面工作，无视新法初衷，而产生抑配现象，不善之“官吏”与不善之“豪强”为谋私利，相互勾结，以强迫手段迫使百姓借贷，“及至追催，皆归本户”，将百姓多交的税款收入自己的私囊当中，徒增百姓赋税压力，甚至陷百姓于穷困之中，以致“二十年间，因欠青苗至卖田宅雇妻女投水自缢者，不可胜数”。

苏轼从广大贫困农民的角度出发，提出“所有已请过钱斛，候丰熟日，分作五年十料随二税送纳。或乞圣慈念其累岁出息已多，自第四等以下人户，并与放免。庶使农民自此息肩，亦免后世有所讥议”。他力求废除这种放债取利的新法，革除损害百姓利益的苛政，免除四等以下农户的苛税，放宽对其余农户税款征收的期限，等到粮食丰收之时再分作五年予以偿还，切实减轻百姓的税收负担，从而缓解日益深重的社会矛盾。

此次上书最终得到了皇帝的认可，同年（1086年），宋哲宗下令废除青苗法。自此，百姓摆脱了部分官员的盘剥和高额贷款的压迫，其税收负担在一定程度上得以缓解，新法的弊病也得到一定程度改善。

苏轼的这些诗词文章体现了其“经世济民”的政治抱负、“轻税薄赋”的税负思想、“藏富于民”的治税主张。而“轻税薄赋”的思想也成为苏轼毕生一以贯之的主张。

第一节　“轻税薄赋”思想的形成基础

苏轼持儒家思想，认为唯有实行仁政才能实现长足的统治。而在其入仕为官时期，北宋实行横征暴敛的“富国”政策，导致百姓苦不堪言，引起了苏轼深深的同情和忧叹。为改善百姓的生活状况，苏轼提出“轻税薄赋”以改变北宋赋税政策的问题。

苏轼入仕为官之时，正值王安石变法，朝廷政策以“富国”为核心。王安石认为“富国”是“富民”的基础，通过加强政府干预、加强专卖等手段，将掌握于富商大贾手中的“轻重敛散之权”聚敛于政府手中，使国家财政富余；同时，改善生产关系，进一步发展农业生产。

王安石的构想看似十分美好，然而苏轼从儒学观念和现实角度出发，反对王安石的“富国”的政治理念。苏轼曾问神宗：“臣不知陛下所谓富者，富民欤？抑富国欤？”[①] 苏轼认为，“富民”与“富国”不可能在短时间内同时实现，若先以实现“富国”为主则一定会侵犯百姓利益，无法实现“富民”；而若以实现“富民”为主，从长远看国家将实现富足。

---

① 苏轼．苏轼文集［M］．长沙：岳麓书社，2000.

苏轼不认同王安石“民不益赋而国用饶”的观点，而赞成司马光的观点。在《志林·论司马迁二大罪》中，他写道：“秦之所以富强者，孝公务本力穑之效，非鞅流血刻骨之功也。……至于桑弘羊，斗筲之才，穿窬之智，无足言者，而迁称之，曰：‘不加赋而上用足。’善乎！司马光之言也，曰：‘天下安有此理？天地所生财货百物，止有此数，不在民则在官，譬如雨泽，夏涝则秋旱，不加赋而上用足，不过设法侵夺民利，其害甚于加赋也。’”一个国家生产的财富总数是确定的，如果财富不在百姓手中，就在国家手中；正如夏天若有洪涝灾害，则秋天便有旱灾。在不增加对民众的税赋的情况下，为使国家财政仍然富足，就需要以另一种方式侵害百姓利益，其害处甚至比直接增加税赋更大。在苏轼看来，王安石的“民不益赋而国用饶”，不过是夺民以富国的策略①，通过搜刮百姓来实现财政上的盈余，侵害百姓利益而使国家富裕。

苏轼一贯反对与民争利的做法。结合其“关市不征，山泽不禁，取于民者不过什一，而财有余”的理想赋税状态，目前的重税厚赋是官府决策错误而设置了很多不必要的征税之处的结果。而官府“取于民者愈多，而藏于国者愈急”。对百姓剥削越多，越急于通过此方式来使得国库充足，不断加深的剥削，造成恶性循环。进而农业生产将受到阻碍，社会矛盾也将越来越激化，最终可能导致亡国。

苏轼主张轻徭薄赋，让利于民，推崇孔子的“百姓足，君孰与不足”思想，认为国家财富皆来源于民，主张藏富于民，减轻税负。苏轼以仁政为出发点，坚持以民为主的思想，践行以德治国、以德治税、以德治人的理念，视赋役为官对民的剥削，提倡轻徭薄赋，让利于民②。苏轼认为，税赋政策“系民心邦本，事关安危”，必须慎重处理，力行宽大，予民以休息之时，从长远看

① 叶坦．富国富民论［D］．北京：北京出版社，1991.

② 余红艳，辜邻舟．苏轼税务思想与实践正义［J］．税务研究，2018（11）.

乃是利民又利国，最终实现苏轼认为的理想状况——“关市不征，山泽不禁，取于民者不过什一，而财有余”[①]。“德之之形，莫著于轻赋”[②]，轻赋最容易显示出以德治民之意。而现在赋税非常之重，如果“能于扰攘急迫之中，行宽大闲暇久长之政，此天下所以不测而大服也”；在重赋税压迫下，若在现在实行轻赋税，就好比雪中送炭，效果不言而喻[③]。轻税政策下百姓生活将更为富足，从而更好生产，最终实现国富。

在选择“富国策略”下的北宋，百姓同时遭受横征暴敛和官吏的剥削，苦不堪言。百姓生活的悲惨之象，更坚定了苏轼的“轻税薄赋”观念。

苏轼曾在多个地方任职，在杭州任通判，在密州、徐州、湖州任太守，他亲眼见到两浙地区、京西地区、淮南地区的百姓被连年的积欠所压迫，百姓为还清一时的债务不得不借高利贷，然而之后却肩负了更沉重的谋生压力，最终形成“死亡过半”的悲惨后果[④]。杭州、徐州历来是富庶之地，而富庶之地在新法的实施下都变得如此民不聊生，可以想见天下其他地方受害之深。百姓为税赋所压，生活困苦不堪，而苏轼将愤慨同情一并倾注于笔下，将新法实施后的民生凋敝之景确切记录下来。

苏轼在文章《上吕仆射论浙西灾伤书》里曾写道：“自经熙宁饥疫之灾，与新法聚敛之害，平时富民残破略尽，家家有市易之欠，人人有盐酒之债，田宅在官，房廓倾倒，商贾不行，市井萧然。”寥寥几句却道出新法实施后官府聚敛所带来的极大危害——富民落入穷困之地，百姓每家每户均有欠债，田地在官府手中，房屋破败，商品流通受到极大阻碍，市场极为萧条。百姓遇到灾荒时官府不能为百姓提供资助，在灾害的摧残下民不聊生。

苏轼担任杭州通判时，在组诗《山村五绝》中曾写道：

---

①④ 苏轼．苏轼文集［M］．北京：语文出版社，2001.

② 苏轼．苏轼全集校注［M］．石家庄：河北人民出版社，2012.

③ 唐鹏．苏轼政论散文研究［D］．扬州：扬州大学，2013.

其二

烟雨濛濛鸡犬声，有生何处不安生。
但教黄犊无人佩，布谷何劳也劝耕。

其三

老翁七十自腰镰，惭愧春山笋蕨甜。
岂是闻韶解忘味，迩来三月食无盐。

其四

杖藜裹饭去匆匆，过眼青钱转手空。
赢得儿童语音好，一年强半在城中。

诗中描写了老百姓在新法下无暇顾及农耕；生活惨淡，基本需求无法被满足；在青苗法的实行下，农民老老小小争着跑到城里去借钱、换钱币还贷，结果一年大半时间都浪费在城中，农作物的生产反而荒废了。苏轼借此组诗尖锐地反映了北宋实行苛税与货币纳役给百姓造成了巨大伤害，百姓生活反而更为困苦。同时，诗中也蕴含着苏轼对百姓深切的关心与同情。

百姓除经受灾害和苛捐杂税的压迫之外，还要忍受沉重的徭役和官吏的剥削。

北宋徭役很重，亦多有弊病。苏轼曾对徭役中最具代表性的纲梢制进行过批判。纲梢制是指负责运送大宗货物的劳役，工人们工作量大，还受到许多剥削压迫。北宋运输粮食损耗量很大，而那些无辜的工人，要因为粮食损耗，承受徒刑或流刑，可见纲梢制背后暗藏了无数的惨剧。苏轼说被征为纲捎者“徒流不可胜数。衣粮罄余折会，船车尽于折卖，质妻鬻子，饥瘦伶俜，聚为乞丐，散为盗贼。窃计京师及缘河诸郡，例皆如此”①，更甚至于“纲梢皆穷困骨立，亦无复富商大贾肯以物货委令搭载，以此专仰攘取官米，无复限量，拆卖船板，动使净尽，事败入狱，以命偿官”②。“胆小者倾家荡产，论落为乞丐；胆大者或沦为盗贼，或则拆卖船板，最后事发落得身首异处，家破人亡。而国家空自损失钱粮、丧失劳力，更加重了百姓的怨恨，纲梢之弊可谓至极矣。”③

北宋百姓还遭受官吏的剥削。在王安石变法下，通过官府专卖将“轻重敛散之权”收入朝廷手中，由官吏负责百姓的税赋收缴。然而，王安石却忽略了执行中的人事问题，官吏将收税看作剥削百姓为自己谋得利益的机会，而在司法与监察制度漏洞百出的当时，百姓只得忍气吞声地承受所有苦痛。“只如扬州税额，已增不亏，而数小吏为虐不已。”苛捐杂税本已沉重，官吏残暴无情至于敲骨剥髓更加重百姓负担，苏轼曾在《策别安万民（一）》中描述过这样的情景：凌晨鸡鸣之时，已有无数百姓开始进行不同的劳作，或是赶往早市卖货。路途已然如此艰辛，却仍要被官吏在进行所谓尺寸衡量后要求交税。设法积累了微薄的利润，却很快就上交于朝廷。除此之外，亦受官吏滥用职权、以权谋私的剥削。

苏轼认为，官府与民争利的行为，是不能使百姓安居乐业的。唯有通过结人心、善待百姓等方式，使百姓安居乐业，从而实现藏富于民，百姓富裕后才能使国家实现长足的富裕，获得稳定统治。而现在国家却以“富国”为核心，目光短浅，竭泽而渔，以搜刮百姓的方式来获得财政上的富余，最终造成百姓苦不堪言，社会矛盾激化的现状。因此，针对上述北宋赋税的种种问题，以儒家政治理念为指导，苏轼提出了“轻税薄赋”的主张。

---

①② 苏轼．苏轼文集［M］．北京：语文出版社，2001.

③ 唐鹏．苏轼政论散文研究［D］．扬州：扬州大学，2013.

第二节　“轻税薄赋”思想的核心内容

“轻税薄赋”，即减轻税收。繁重的税收对于家境贫寒的普通百姓来说，无疑是一种剥削压迫。而“轻税薄赋”则意味着减轻百姓的税收负担，能够在一定程度上改善百姓的生活。

苏轼“轻税薄赋”的主张主要有以下三方面：

第一，苏轼反对征收对人民有害的税种，主张“较赋税”，为百姓减轻税收负担。

苏轼在《策别安万民（一）》中写道：“鸡鸣而起，百工杂作，匹夫入市，操挟尺寸，吏且随而税之，扼吭拊背，以收丝毫之利。古之设官者，求以裕民，今之设官者，求以胜民。”

苏轼认为“德之之形，莫著于轻赋”，轻赋最易凸显以德治民之意，当下赋税之重人所周知，而“惟能于扰攘急迫之中，行宽大闲暇久长之政，此天下所以不测而大服也[①]”。在重税压迫下实行轻税，对于百姓来说，无异于是绝渡逢舟，如此，百姓才会由衷地爱戴君主，热爱国家。

所谓“轻赋”，就是减轻税负，减少对百姓的压榨，正体现了苏轼德治、仁政的政治理想。他反对征收对人民有害的税种，主张将税种进行比较，即废除对人民有危害的税，改革有弊端的税。

苏轼主张“较赋税”[②]，即通过调查和比较税法法令实施的效果是否有益于人民，通过分析利弊选择最合适的法令。

“较赋税”的理念在多处主张中均有体现。

---

① 张志烈，马德富，周裕锴．苏轼全集校注（第十六册文集七）［M］．石家庄：河北人民出版社，2011.

② 刘清泉．谈苏轼的赋税观［J］．乐山师范学院学报，2018，33（9）.

苏轼在《上韩丞相论灾伤手实书》中写道："方田均税之患，行道之人举知之。税之不均也久矣，然而民安其旧，无所归怨。今乃用一切之法，成于期月之间，夺甲与乙，其不均又甚于昔者，而民之怨始有所归矣。"

苏轼主政的时候，正逢"方田均税法"大规模推行。客观地说，朝廷制定"方田均税法"的初衷是好的，从理论上看，"方田均税法"与之前的税制相比也有极大的进步，但在实际执行过程中，这项法度却逐渐演变成了严重扰民的举措。这是由于新法主要是靠地方官吏来推行，地方官吏为了保护自己的利益，会想尽一切办法加剧赋税不均，继续剥削百姓。

百姓不满的具体原因就在于新旧税制的变化。在原来的旧税制下，土地兼并之风猖獗，地主的土地越来越多，田赋却越来越低。百姓则反之，沉重的赋税落在了百姓身上，使得百姓生活苦不堪言，这是田赋不均、隐田逃税的消极影响。为了减轻百姓的负担，朝廷推行了新的税制"方田均税法"，即核定各户占有土地的数量，然后按照地势、土质等条件分成五等（次年又改成十等）编制地籍及各项簿册，并确定各等地的每亩税额，以此实现一定程度上的公平。但老百姓和苏轼为什么都要反对呢？

苏轼比较了新旧税制的差异，结合百姓的反响及税收的实际状况，分析得出，由于"方田均税法"在实施过程中"清丈繁难，滋弊亦多"，且影响了豪强地主的利益，在各方势力的博弈下，百姓逐渐平静的生活被再次打乱。在旧税制下，土地赋税长期不均的事实已经为百姓所习惯，而现在变革之后，赋税不均的现象竟然比以前更加严重，两相对比，百姓自然会有所抱怨。

苏轼的观点与朝廷主流观点不同，他在地方主政，贴近百姓生产实际，对新法的实际效果非常了解，再加上对"较赋税"思想的主张，故而能够提出切中肯綮的建议。既然"民安其旧，无所归怨"，那就应该是"治大国若烹小鲜"，不要随便变更才是。

只有通过将新旧税制进行清晰而客观的对比，方才知晓如何能使百姓真正安乐。苏轼这样缜密而实用的"较赋税"思想不仅对于百姓来说是生存之法，对于国家来说也是治国良方。

统治者和官员从“较赋税”中可以收获很多治国的实践经验。比如，并不是所有“均赋”的政策一定能减轻百姓的负担，治天下不仅要安民，还要和各方势力达成平衡，否则只会使情况越变越糟。“较赋税”的意义不只在于通过横向纵向进行比较来分辨优劣，更在于可以以古鉴今、完善法令。这体现了苏轼独特的政治思想和他对百姓那让人动容的真情。

在苏轼上书朝廷的奏折中，也有“较赋税”的体现。通过比较不同税制、法令，明晰当前税制的优劣，并提出解决办法。他主张免除“五谷力胜税”的征收，反对“赋税赏格钱”，反对施行“免役法”①。他将这些举措在奏状中翔实地列举，并深知讲给一般的官吏起不到任何作用，唯有君主真正改变，才能让百姓得到解脱。

第二，苏轼关注民情，讽刺苛税。

苏轼被贬谪到黄州期间，对苛税进行了讽刺。他在陈季常处见到《朱陈村嫁娶图》后，思及旧事，触景生情，作诗《陈季常所蓄〈朱陈村嫁娶图〉二首》。看着《朱陈村嫁娶图》，朱陈村的风土人情清晰地浮现在苏轼眼前。匿于深山偏安一隅的小村落，恍若方外一般，村民怡然安乐，自在逍遥，村中只有朱、陈两姓，世世代代互为婚姻，从不攀附高门。昔日苏轼在徐州上任，去农村勉励农民耕作时，刚好路过邻村杏花村，便得知了朱陈村的故事。然而，时过境迁，这个清静的小村庄再也不是那个世外桃源了。

陈季常所蓄《朱陈村嫁娶图》二首（其二）

我是朱陈旧使君，劝农曾入杏花村。
而今风物那堪画，县吏催租夜打门。

① 刘清泉．谈苏轼的赋税观［J］．乐山师范学院学报，2018，33（9）．

苏轼揭露了朱陈村官吏虐民的现状。县官日夜催租索钱，收缴税款，农村萧条破残，此情此景再不堪入画。这幅画连通了过去和现在，苏轼心中凄冷而愤懑，下笔便带着对苛税的讽刺。

他同情百姓生活的苦难，讽刺朝廷过度征税①，带着广泛的同理心，向朝廷声诉要轻税薄赋。

第三，苏轼主张免除积欠、减轻徭役，减轻百姓的生存负担。

积欠，顾名思义，就是积累下来的欠款，在这里主要指的是百姓未按期缴纳的税款。

苏轼在《论积欠六事并乞检会应诏四事一处行下状》中这样写道："臣顷知杭州，又知颍州，今知扬州，亲见两浙、京西、淮南三路之民，皆为积欠所压，日就穷蹙，死亡过半。而欠籍不除，以至亏欠两税，走陷课利，农末皆病，公私并困。"

苏轼在任职期间亲眼见到两浙地区、京西地区和淮南地区的百姓被积欠所压迫，死亡人数超过一半。如果积欠不免除，就会对两税的征收造成影响，税收利益流失，会影响商业和农业的发展，朝廷和个人也会同时陷入困境。

朝廷实行重税政策，平常年份百姓犹堪忍受，一旦受灾，旧账且还不清，又来新税。新税积欠同时催缴，结果百姓越欠越多，永无翻身之日。

苏轼在给神宗皇帝的《论积欠六事状》中写道："臣每屏去吏卒，亲入村落，访问父老，皆有忧色。云：'丰年不如凶年。天灾流行，民虽乏食，缩衣节口，犹可以生。若丰年举催积欠，胥徒在门，枷棒在身，则人户求死不得。'言讫，泪下。臣亦不觉流涕。又所至城邑，多有流民。官吏皆云：'以夏麦既熟，举催积欠，故流民不敢归乡。'"

百姓已经到了求凶年而不可得的地步：丰收的年份还不如饥荒的年份。发生自然灾害时，百姓虽然缺乏食物，但是只要节衣缩食，还是可以生存的。如

① 刘清泉．谈苏轼的赋税观［J］．乐山师范学院学报，2018，33（9）．

果遇到丰收的年份，就要收缴积欠，官员上门催债，反而会使百姓的生活陷入新的困境。因此，在夏麦丰收时，许多百姓宁肯在外漂泊也不敢回乡。如此情理，苏轼不禁潸然。虽是简单的几句忧叹，但可以想见，百姓为税赋所压，积欠越来越多，最后被困至急迫，难免流为盗贼，聚众起义，则国家受损失多矣。

在古代，赋税和徭役也是紧密联系在一起的。“轻徭”，即减轻徭役。王安石变法前，每年国家都要强制无偿征调成年男子从事相关劳动，包括力役、杂役、军役等，称为“徭役”。徭役是国家强加于百姓身上的沉重负担，与赋税的性质十分相似，也与赋税息息相关。而减轻徭役意味着可以减少百姓的无偿劳动，使他们能有更多的时间精力建设家园，提高了百姓的幸福指数，能够稳固政局。

典型的范例有苏轼主张变革纲梢之役，为百姓减轻徭役、赋税。

过去成批量运送大宗货物时，为了保证运送物资的安全，每批分若干组，以若干车或船为一组，一组称一纲，如果运送的物资受损，则由这一组的人员全额赔偿，谓之“纲运”。其法始于唐代刘晏，北宋、元代运盐也用纲运。纲梢便是为纲运服役之船工，不仅工作量大，百姓也受到了极大的压迫。

嘉祐（1056—1063 年）以前，每年运粮食六百万石，损耗至多六七万石，而元祐六年（1091 年）时只运了四百五十万石粮食，但是损耗却达到了三十余万石。从嘉祐到元祐不过才二三十年的时间，欠折（损耗）率便翻了七倍左右，世风败坏尤此。而苏轼赴任扬州不久，所见到的与运输粮食亏损相干的人员，承徒刑或流刑的人不可胜数，足可见纲梢制背后暗藏了无数的惨剧。

宋代纲梢制弊端众多，苏轼对该项制度提出了批判与变革方法。

苏轼是这样评价的：“如此之类，费用浩大。然皆不得利害之要。行之数年，必无所补。”他认为这些都是费钱且低收效、抓不到重点的弊制，即使施行数年也不会有所补益。

苏轼在《论纲梢欠折利害状》中说："以淮南一路言之，真、扬、高邮、楚、泗、宿六州、军，所得不过万缗，而所在税务专拦因金部转运司许令点检，缘此为奸，邀难乞取，十倍于官。遂致纲梢皆穷困骨立，亦无复富商大贾肯以物货委令搭载，以此专仰攘取官米，无复限量，拆卖船板，动使净尽，事败入狱，以命偿官。显是金部与转运司违条刻剥，得粮纲税钱一万贯，而令朝廷失陷纲运米三十万余石，利害皎然。"

不仅是纲梢命途困窘、形销骨立，朝廷也蒙受了巨大的损失。金部与转运司擅自刻剥纲梢和运输货物的商贾，一年增课一万贯钱，但是这却使朝廷损失三十万米粮，更致使民心丧失。

本来这样的徭役并未造成太过恶劣的影响，但与赋税一挂钩，便造成了一发不可收拾的局面。

苏轼在《再论积欠六事四事札子》中说："访闻得诸州多是元祐三年以来始行点检收税，行之数年，其弊乃出。纲梢既皆赤露，妻子流离，性命不保，虽加刀锯，亦不能禁其攘窃。"

这些惨状起因于元祐三年（1088 年）以来的"点检收税"（查核后收取税款），金部与转运司为了在税收过程中多增加一笔收入，便不遗余力地剥削纲梢，加大徭役的力度。

"臣今所乞，不过减却淮南转运司违条收税一万贯，使纲梢饱暖，官物自完，其利甚大。"[①] 纲梢所求不过饱暖而已，尚不可得，其役之残虐可见一斑。直接废止这项制度显然不现实，苏轼所求的不过是要免去淮南转运司违规收取的一万贯税钱，使得劳役能够安身立命罢了，如此，朝廷也能收获更多的利益，一举两得。

苏轼向朝廷申明了纲梢制的弊端和改革措施，也提出了改革后的"五利"，坚决要求变革纲梢之役，为百姓减轻徭役和赋税的负担。

---

① 唐鹏．苏轼政论散文研究［D］．扬州：扬州大学，2013.

苏轼心中一直有个理想的赋税情况，即“轻税薄赋”。他向往着古代“关市不征，山泽不禁，取于民者不过什一，而财有余”① 的社会，对关隘和市场不予征税，山林打猎泽梁捕鱼不设禁令，从百姓身上索取的钱财不到十分之一，但是国家的财富仍有富余。若巨额的财政支出用于战争、建设，那也就罢了，可现下国家所收取的重税厚赋完全被肆意挥霍，只为了满足一小部分人贪婪的欲望，这正在一点点蚕食社会良好的风气，也在蚕食着百姓的生活。“故取于民者愈多，而藏于国者愈急。”重税厚赋是统治者昏庸不明又贪得无厌的体现，使得世风日下，最终可能会导致国家灭亡。

苏轼有远大的忠君爱民、报效朝廷的政治理想，他希望国富民强，人民安居乐业。这表现在其税收思想上，既有宏观规划，又具可操作性。苏轼希望通过这些税政，一方面大力增加朝廷的税收，另一方面又极大地提升民众的生活水平。

第三节　“轻税薄赋”思想的具体实践

一、减免密州赋税

熙宁七年（1074 年），苏轼初上任密州，恰逢密州连续数年遭遇蝗灾和旱灾，严重地影响了粮食的生长。针对密州严重的灾情，苏轼向当时正任丞相的韩绛上书，《上韩丞相论灾伤手实书》中言：“愿公少信其言，特与量蠲秋税，或与倚阁青苗钱”，提出了减免夏税的要求。

关于减免夏税，涉及宋朝的赋税制度——两税法。

两税法是唐德宗时由宰相杨炎创立的一种税法。其基本内涵是按百姓贫富

---

① 黄纯艳．宋代财政史［M］．昆明：云南大学出版社，2013.

及拥有田亩的数目，分等级课税，每年依夏、秋两季用钱编纳，以代替原来的租庸调法，也是我国历史上纳税由纳物为主转变为纳钱为主的开始。两税法的基本特征是以个人之土地和财产为本，改变了唐代一贯以丁为单位的做法。课税的主体及课税的标准是“户无主客，以见居为簿，人无丁中，以贫富为差”，不分本地与外来人口，以居住地为标准征税，缴纳税额的多少以居户所占有的土地与财产为依据。除了丁额之外，其余的征赋都废除。纳税期限为一年两次征税，夏季最迟六月底之前，秋季最迟十一月底之前。两税法在施行之初一定程度上减轻了人民的负担。

进入宋代以后，北宋朝廷主要还是推行两税法，基本沿袭了唐制，也分成夏税和秋税。但宋代的经济形势和经济环境发生了很大的变化，两税法的部分内容也发生了变化，比如在纳税期限上规定得更详细了。宋太宗端拱元年，对两税的征税时间作了新的规定：“开封府等七十州夏税，旧以五月十五日起纳，至七月三十日毕；河北、河东诸州气候差晚，五月十五日起纳，八月五日毕；颍州等一十三州及淮南、江南、两浙、福建、广南、荆湖、川峡五月一日起纳，七月十五日毕；秋税自九月一日起纳，十二月十五日毕。后又并加一月，或值闰月，其田蚕亦有早晚不同，有司临时奏裁。”又如，对于征税标准和征税对象，宋代两税法进行了新的规定，以“田产步亩”为宗，两税法仅为田赋，两税之外又有丁钱与徭役。而唐代的两税法则以“资产为宗”，包括丁钱与徭役。北宋的两税法一般以田亩为标准，田亩通常按土质、色泽分为若干等，按等定率，分夏秋两次征收。夏税以绢为主，秋税以粮食为主。宋初田租，只作中下两等。中田一亩夏税钱四文四分，秋米八升；下田二亩，钱三文三分，米七升四合。神宗时重新修订方田法，分五等定税则，后达到数百种。由于两税征收结构和征收方式不断复杂，两税法由最初的征收钱、米，到增加绢帛，又折变征收及加征多种附加税，使得两税制度日益败坏，而两税之外又有丁钱与徭役。总的来说，两税征收的钱物充实了国家财政，有效保证了国家军费、赈灾等方面的支出，但是对百姓来说，却是压在他们身上的沉重大山。

出于对密州严峻状况的考虑，为了缓解密州百姓的生存压力，苏轼向皇帝上奏《论河北京东盗贼状》，详细讨论了减免夏税的具体原因与措施：

臣所领密州，自今岁秋旱，种麦不得，直至十月十三日，方得数寸雨雪，而地冷难种，虽种不生，比常年十分中只种得二三。窃闻河北、京东，例皆如此。寻常检放灾伤，依法须是检行根苗，以定所放分数。今来二麦元不曾种，即无根苗可检，官吏守法，无缘直放。若夏税一例不放，则人户必至逃移。寻常逃移，犹有逐熟去处，今数千里无麦，去将安往？但恐良民举为盗矣。且天上无雨，地下无麦，有眼者共见，有耳者共闻。决非欺罔朝廷，岂可坐观不放？欲乞河北、京东逐路选差臣僚一员，体量放税，更不检视。若未欲如此施行，即乞将夏税斛斗，取今日以前五年酌中一年实直，令三等已上人户，取便纳见钱或正色，其四等以下，且行倚阁。缘今来麦田空闲，若春雨调匀，却可以广种秋稼。候至秋熟，并将秋色折纳夏税。若是已种苗麦，委有灾伤，仍与依条检放。其阙麦去处，官吏诸军请受，且支白米或支见钱。所贵小民不致大段失所。

具体原因如下：密州由于干旱地冷、蝗灾横行等，导致当年收成只有往年的十之二三。密州面临严峻的境况，百姓生活困苦，民不聊生。如果在密州如此困难的情况下，不减免夏税会造成严重的后果。“恐良民举为盗矣。”交不起夏税的百姓一定会向收成好的地方逃移，但当下千里之内没有麦收，无处可去，为了生存，良民自然成了强盗。

作为密州的最高行政长官，苏轼并没有只提出问题，然后将责任推脱给上级，而是分析原因后提出了积极的应对措施。

首先，最重要的就是要改变核验自然灾害带来的损失伤亡的方式。以前验灾放粮讲的就是“检行根苗，以定所放分数”，也就是说，根据每年春苗数量变化或春苗损伤的实际情况，才能确定夏税的多少。而现在的情况是去年的秋麦和今年的春麦都因为干旱寒冷，难以种麦，即使种了也没有发芽生长，还白白地搭上种子，根本没有根苗可以查验灾损，这就导致官员依照律例，无法直接减免夏税，农民在灾伤中仍承担了巨大的经济负担。可见固有模式已经不适应实际情况，只有改变旧制才能带给百姓生的希望。

其次，苏轼提出减免夏税的方式，“欲乞河北、京东逐路选差臣僚一员，体量放税，更不检视。若未欲如此施行，即乞将夏税斛斗，取今日以前五年酌中一年实直，令三等已上人户，取便纳见钱或正色，其四等以下，且行倚阁”。也就是说，要先对民众作出区分，取当日之前五年内适中一年的实值，让三等以上的人户缴纳现钱或者谷、帛一类的正宗赋税，四等以下暂时停止赋税，为底层民众减轻生存压力。

最后，苏轼也分析了减免夏税的后续情况，以说服皇帝此次减免夏税将会带来好的结果。“缘今来麦田空闲，若春雨调匀，却可以广种秋稼。候至秋熟，并将秋色折纳夏税。若是已种苗麦，委有灾伤，仍与依条检放。其阙麦去处，官吏诸军请受，且支白米或支见钱。”由于当下麦田空闲，若是春雨滋润均匀，就能广种秋茬。等秋熟的时候，便将这些收成折作夏税；如果所种的苗麦遇到灾伤，仍允许依条按规进行定期检放。那些品质稍差的麦子，便请官府军队接收，支付给百姓白米或是现钱。

在苏轼的力争之下，朝廷减免了密州的部分赋税，这一举措对于社会的安定有极为重要的稳固作用。一年之后，旱灾得到了很大的缓解，蝗灾也得到了控制。“所贵小民不致大段失所”是这项举措最大的作用。减税满足了百姓的生存需求，避免了大量人群流离失所的落魄情景的出现。有了可果腹的粮食，良民自然也安居乐业，密州的盗匪就渐渐平息了。

苏轼作为密州知州，拥有一定的实权：“掌总理郡政，宣布条教，导民以善而纠其奸慝；岁时劝课农桑，旌别孝悌；其赋役、钱谷、狱讼之事，兵民之政皆总焉。”所谓在其位谋其政，苏轼深入考察，了解百姓疾苦，知悉税收优惠难以落实的问题后，一心为民争利，既是作为官员的职责所在，也是其关心百姓的重要举措。苏轼敏锐地察觉到密州存在的隐患，并有理有据地进行分析解决，避免了造成更大的社会和政治问题。

密州此时面临蝗旱相继的天灾、新法扰民的人祸、盗贼渐炽的隐患。“今又不雨，自秋至冬，方数千里，麦不入土，窃料明年春夏之际，寇攘为患，甚于今日。是以辄陈狂瞽，庶补万一。谨按山东自上世以来，为腹心根本之地，其与中原离合，常系社稷安危。”国家和百姓都缺乏物资，生活清贫，百姓的生活早已苦不堪言。百姓生活困苦，连生存都无法维持，根本无法交税。如果这时不为百姓减轻税负，可能会由经济问题变成社会问题，影响社会安危。并且山东是国家的核心要地，它与中原大地的分分合合总是牵系着江山社稷的安危，如果继续坐视不管，将会出现更多的盗匪，对社会安定造成不可挽回的破坏。

苏轼虽然没有明确指出，但是也在很隐晦地暗示当时农民频繁地起义，给北宋政权造成不小的影响，可以说他考虑得比较周全，不管是为了稳固政权，还是为了安抚百姓，都应当减免夏税。

当然，减免税收是税收优惠的一种形式，不是一般性政策，是特殊情况下使用的，针对特定的行业或人群。如果税收优惠太多，会影响国家收入的稳定性和国家正常运行，所以苏轼对百姓作出区分，根据往年的经济水平决定是否缴纳，并且采用秋收折纳夏税的方式维持平衡。此外他还列好遇到秋损时的解决方案，对于政策的具体实施也有详细的规划。

二、罢“赋税赏格钱”

“赋税赏格钱”是指根据盐酒行业的税额情况来计算征税官员年底的奖励。

北宋前期胥吏没有稳定俸禄，熙宁三年（1070 年）设置吏禄，成为新的财政支出。王安石上奏：“今惜厚禄不与吏人，而必令取赂，亦出于天下财物。既令资天下财物为用，不如以法与之，则于官司皆利。”由于官吏没有丰厚的俸禄，他们为了获利，一定会收受贿赂，这些贿赂也是天下财物的一部分，既然如此，倒不如按照律例由朝廷给他们发放丰厚的俸禄，这样对于官吏和朝廷都有利。宋神宗深以为然。此后吏禄不断增长，吏禄的种类也逐渐增多，包括免役钱、坊场税钱、市利钱等，其中坊场税钱就包含“赋税赏格钱”。熙宁四年（1071 年），宋神宗诏三司“三司承买酒曲坊场钱率千钱输税五十，储以禄吏”，所有百姓在酒曲坊场中的消费，千钱中取五十钱来奖励官吏，这是一笔极为丰厚的奖金。

元丰年间（1078—1085 年），曾实行税课征利，年终时则按增利之数提取一定的比例分给一般税务工作人员，如秤子、专栏。到元祐三年（1088 年），不仅一般工作人员实行年终赏格，税务监官也同秤子、专栏等一般工作人员一道分取赏格。一般税务工作人员主要从事仓场库务的收支与管理，多分布在州县，参与方田均税、散青苗钱、经界法、兴修水利、催纳租税，以及盐场、茶场（合同场）、商税务、市舶司和堰、闸、桥等处栅门的管理。可见“赋税赏格钱”的影响之广泛。

元祐七年（1092 年），苏轼在颍州任上接诰命，改知扬州。苏轼在《乞罢税务岁终赏格状》中谈及这种制度：“检会元丰七年六月二十四日敕：‘卖盐及赋税务监官年终课利增额，计所增数给一厘；卖盐务专副秤子税务专栏，年终课利增额，计所增数给半厘。’及检会元丰赏给‘酒务盐官年终课利增额，计所增数给二厘；酒务专匠，年终课利增额，计所增数给一厘’者。”向皇帝上奏请求废除“赋税赏格钱”，并在《乞罢税务岁终赏格状》中具体分析了反对“赋税赏格钱”的原因。

第一，“赋税赏格钱”破坏了朝廷的法令纲常。他在表状中写道：“右臣闻之管仲：‘礼义廉耻，国之四维。四维不张，国乃灭亡。’今盐酒赋税监官，虽为卑贱，然缙绅士人公卿胄子，未尝不由此进。若使此等不顾廉耻，决坏四维，掊敛刻剥，与专栏秤匠一处分钱，民何观焉。所得毫末之利，而所败者天下风俗、朝廷纲维。此有识之所共惜。”

苏轼十分认同管仲“礼义廉耻，国之四维。四维不张，国乃灭亡”的观点，他认为礼仪、正义、廉洁和羞耻之心是国家的四个维度。它们承载着一个民族、一个国家的精神追求，体现着一个社会判断是非的价值标准，对一个国家的生存至关重要。然而，实施税收奖励金制度将导致盐酒税务主管无视诚信，破坏法规和纪律，以此来积累和利用金钱，这将对社会习俗造成不良的影响。

第二，“赋税赏格钱”增加了对百姓的剥削。苏轼通过去淮南访查当地的税务机构和税务人员发现：“臣至淮南，体访得诸处税务，自数年来，刻虐日甚，商旅为之不行，其间课利，虽已不亏，或已有增剩，而官吏刻虐，不为少衰。详究厥由，不独以财用窘急，转运司督迫所致，盖缘有上件给钱充赏条贯，故人人务为刻虐，以希岁终之赏，显是借关市之法，以蓄聚私家之囊橐。若朝廷悯救风俗，全养士节，即乞尽罢上件岁终支赏条贯。”

近年来，商业发展停滞不前。尽管如此，税收没有损失，有时还有增加和富余，这是因为官员对百姓的剥削并没有减少。究其原因，官员对百姓的剥削是因为国家财政状况不佳，转运部门想方设法强迫官员多征税款，也由于“赋税赏格钱”关于给予金钱和奖励的规定，每个官员都想方设法地加以利用，以便在年底获得奖励。

第三，“赋税赏格钱”只增加了官员的私利。他在奏议中说：“只如扬州税额，已增不亏，而数小吏为虐不已。原其情，盖为有条许酒税监官分请增剩赏钱。此元丰中一小人建议，羞污士风，莫此为甚。如酒务行此法，虽士人所耻，犹无大害。若税务行之，则既增之外，刻剥不已，行路被其虐矣。轼旦夕欲上此奏，乞罢之，亦望相公留念。”

经过调查，苏轼发现扬州收缴的税收已经超过了规定，但一些底层的官员仍然肆意勒索，原因是官员分得税额增长奖励的“赋税赏格钱”制度。如果税务部门实行这种做法，除了正常的税收增长之外，还会增加更多的剥削以提高税额。但这只增加了官员的私利，百姓将会蒙受巨大损失。因此，苏轼认为，“赋税赏格钱”仅仅只是增加了官员的私利，玷污了士大夫的风气。

从上文可以看出，苏轼认为“赋税赏格钱”破坏规矩，增加了百姓的税收负担，只增加了官员的私利，污染了士大夫的风气，未起到积极作用，所以主张罢除“赋税赏格钱”。这从一定程度上可以看出苏轼坚定的减税主张。

虽然在众多的诗词和史料中，北宋都给人留有经济繁荣的印象，但是这背后巨大的财政压力却是真实存在的。

王安石变法虽然最终失败了，但它的影响力是十分长久的。比如，免役法的推行，“有钱出钱，无钱出力”作为一种制度被固定下来。原来戍边是无偿的、强制的，现在戍边则可以不去，出钱就行了。那么，为了保家卫国，国家需要出钱招募士兵戍边，募兵制就成为宋代兵役制度的主流，从而导致了宋代沉重的财政负担，使军费在宋代财政支出中占据了 80%，甚至更高的比例。再加上当时战争不断，军费更是连连增长。熙宁五年（1072 年），有人报告“陕西用兵凡费钱七百余万”①，而这仅是西北用兵半年的费用。熙宁九年（1076 年），宋代用兵交趾，支出也很惊人。宋神宗即位裁减天下兵数，熙宁禁军较治平少九万余人，厢兵所减亦不少，但所省军费通计不过一石万，远不能抵偿熙河、交趾所费。

除此之外，官吏俸禄也占财政支出很大的比重，是除军费支出外第二大的财政支出。除军费、官俸之外，财政支出种类繁多，难以细举，数额较大的还有皇室费用、祭祀及赏赐费用。

在巨额的支出下，官府自然需要更多的收入来维系国家的正常运行，故而增加税收便成为非常重要的手段。在此背景下，“赋税赏格钱”的激励制度似乎就更为必要。纵然如此，也不可忽略“赋税赏格钱”制度的缺陷。盐酒的专卖制度在很大程度上加重了百姓的负担。“赋税赏格钱”作为激励征税官的政策手段，可以激励他们更加高效地完成征税并增加税收，减轻国家巨额支出

---

① 黄纯艳．宋代财政史［M］．昆明：云南大学出版社，2013.

的压力，但是这同时又增加了百姓的负担，造成恶性循环。从这个角度来说，苏轼的观点具有一定的积极性和合理性。

三、主张在扬州豁免积欠

自有税收以来，积欠始终都存在，主要原因有：一是赋税太重，百姓实在负担不起；二是因为天灾人祸，百姓贫困，无力按时交纳相关税款，造成欠缴。有的一年年地累积起来，越欠越多。

北宋时期的积欠，其实并非一时之弊，不合理的救荒政策是北宋积欠产生的一个根本原因。宋朝沿用唐朝的制度，在灾荒之年实行缓征、截留、减上供等措施，但要求百姓在丰年弥补被缓征或者截留的粮食，导致百姓负担很重。此外，为了应对连年征战，宋朝的苛捐杂税繁多，再加之部分官员盘剥，百姓积欠深重、民不聊生。从宋神宗年间的统计数据看，全国三、四等及以下的农户几乎都有积欠。每当稻麦收获之时，监司便派出人员到各州县日夜催讨积欠，这些催收人员当中，就有过苏轼的身影。可以说，缴清积欠成为百姓最沉重的负担之一。

催收积欠的经历，特别是苏轼清欠时所见百姓的惨状，时刻都敲击着他的心灵。面对百姓沉重的税收负担及日益激化的社会矛盾，心存“失民而得财，明者不为”理念，强调“维护百姓权益、官府不能与民争利”的苏轼，毅然上书，率先提出减免积欠的主张。

嘉祐六年（1061 年）至治平二年（1065 年），苏轼在凤翔任判官，其主要职能之一就是“理欠”。所以说，苏轼对于积欠问题并不陌生。当时在凤翔，由于帮官府押运的竹木被毁、主管粮仓却因年深日久导致粮食腐烂、缴纳的布帛质量低劣等原因，有很多人欠官府税款，需要承担相应的损失赔偿。这些损失均是由于自然或其他非主观原因造成，但责任却都要相关工作人员承担。苏轼在任时，曾督促百姓上缴欠缴的官税，但是结果都不尽如人意。因此，苏轼意识到这种积欠的不合理，也曾为赈济灾民、减免贫民积欠等事多次向朝廷上章呼吁，可积欠问题依然没有得到改善。

宋哲宗元祐七年（1092 年）二月，五十五岁的苏轼奉朝廷之命接任扬州太守。元祐四年至元祐六年（1089—1091 年），受水旱灾害影响，江南地区损失严重，朝廷为此采取了缓征、截留的救灾策略，并要求江南百姓在灾后补缴欠粮。这种策略在取得一定成效的同时，也带来大量积欠，百姓一时难以偿还，这也是扬州积欠的直接原因。元祐七年（1092 年）春，扬州正因积欠沉重，民不聊生，在从颍州（今安徽阜阳）来扬州任职的路上，苏轼见庄稼长势很好便深入村落走访，看见当地的百姓都在因为积欠官税的事情困扰。即使麦子已经丰收，但是由于害怕官府的催债，百姓都不敢返回家中。为了切实减轻百姓的负担，苏轼写下了《论积欠六事并乞检会应诏论四事一处行下状》：

臣顷知杭州，又知颍州，今知扬州，亲见两浙、京西、淮南三路之民，皆为积欠所压，日就穷蹙，死亡过半。而欠籍不除，以至亏欠两税，走陷课利，农末皆病，公私并困。以此推之，天下大率皆然矣。臣自颍移扬州，过濠、寿、楚、泗等州，所至麻麦如云。臣每屏去吏卒，亲入村落，访问父老，皆有忧色。云："丰年不如凶年。天灾流行，民虽乏食，缩衣节口，犹可以生。若丰年举催积欠，胥徒在门，枷棒在身，则人户求死不得。"言讫，泪下。臣亦不觉流涕。又所至城邑，多有流民。官吏皆云："以夏麦既熟，举催积欠，故流民不敢归乡。"臣闻之孔子曰："苛政猛于虎。"昔常不信其言，以今观之，殆有甚者。水旱杀人，百倍于虎，而人畏催欠，乃甚于水旱。臣窃度之，每州催欠吏卒不下五百人，以天下言之，是常有二十余万虎狼，散在民间，百姓何由安生，朝廷仁政何由得成乎？臣自到任以来，日以检察本州积欠为事。内已有条贯除放，而官吏不肯举行者，臣即指挥本州一面除放去讫。其余理合放而于条未有明文者，即且令本州权住催理，听候指挥。其于理合放而于条有碍者，臣亦未敢住催。各具利害，奏取圣旨，谨件如左。

孔子有言“苛政猛于虎”，而积欠更是如此。苏轼此奏折长达七千余字，详尽地阐述了民间积欠存在的普遍状况及其严重性，他直言不讳地写出了自己亲眼见到的两浙、京西和淮南三地百姓因积欠官税而穷困潦倒、农商皆废、流离失所地生活。在庄稼歉收之年，百姓需要节衣缩食才可以勉强谋生；而庄稼丰收之年，虽然粮食充足，却不得不偿还多年来积欠的债务。苏轼认为，水灾和旱灾给老百姓带来的灾难，厉害程度是“猛虎”的百倍，而官府催缴积欠，甚至比水灾和旱灾更让百姓恐惧。百姓难以安生，朝廷难以安稳。同时，在这篇奏折中，苏轼也提出了豁免积欠来保障民生的处理措施。他请求朝廷酌情减免百姓前两年的积欠，并主张当年的积欠在农作物收上来之前，暂停催讨以保障民生。

奏折写好后，苏轼担心延误时间，立即命吏卒策马上路，昼夜兼程，送往京城。当时执政大臣以边陲用兵，国家财政紧缺为由，不同意免除积欠，苏轼的奏呈被暂时搁置。

积欠问题还未解决，瘟疫又开始在扬州及附近的其他几个州蔓延，心情沉重的苏轼不顾自己政治上可能遭遇的困窘，一心为百姓考虑，于元祐七年（1092 年）六月，再次上书朝廷，要求迅速减免百姓的积欠。《再论积欠六事四事札子》里写道：

元祐七年六月十六日，龙图阁学士左朝奉郎知扬州苏轼札子奏。臣已具积欠六事，及旧所论四事上奏。臣闻之孟子曰：“以不忍人之心，行不忍人之政。”若陛下初无此心，则臣亦不敢必望此政，屡言而屡不听，亦可以止矣。然臣犹孜孜强聒不已者，盖由陛下实有此心，而为臣子所格沮也。窃观即位之始，发政施仁，天下耸然，望太平于期月。今者八年，而民益贫，此何道也？愿陛下深思其故。若非积欠所压，自古至今，岂有行仁政八年而民不苏者哉。臣前所论四事，不为不切，而经百余日，略不施行。臣既论奏不已，执政乃始奏云，初不见臣此疏，遂奉圣旨，令臣别录闻奏。意谓此奏朝上而夕行，今又二年于此矣。以此知欠积之事，大臣未欲施行也。若非陛下留意，痛与指挥，只作常程文字降出，仍却作熟事进呈，依例送户部详看，则万无施行之理。臣人微言轻，不足计较，所惜陛下赤子，日困日急，无复生理也。臣又窃料大臣必云今日西边用兵，急于财利，未可行此。臣谓积欠之在户部者，其数不赀，实似可惜。若实计州县催到数目，经涉岁月，积欠之在户部者累毫，何足以助经费之万一。臣愿圣主特出英断，早赐施行。臣访闻浙西饥疫大作，苏、湖、秀三州，人死过半，虽积水稍退，露出泥田，然皆无土可作田塍，有田无人，有人无粮，有粮无种，有种无牛，饿死之余，人如鬼腊。臣窃度此三州之民，朝廷加意惠养，仍须官吏得人，十年之后，庶可完复。《书》曰："制治于未乱，保邦于未危。"浙西灾患，若于一二年前，上下疚心，同方拯济，其劳费残弊，必不至若今之甚也。臣知杭州日，预先奏乞下发运司，多籴米斛，以备来年拯济饥民，圣明垂察，支赐缗钱百万收籴。而发运使王觌，坚称米贵不籴。是年米虽稍贵，而比之次年春夏，犹为甚贱，纵使贵籴，尚胜于无，而觌执所见，终不肯收籴颗粒，是致次年拯济失备，上下共知而不诘问。小人浅见，只为朝廷惜钱，不为君父惜民，类皆如此。淮南东西诸郡，累岁灾伤，近者十年，远者十五六年矣。今来夏田一熟，民于百死之中，微有生意，而监司争言催欠，使民反思凶年。怨嗟之气，必复致水旱。欲望圣慈救之于可救之前，莫待如浙西救之于不可救之后也。臣敢昧死请内降手诏云："访闻淮浙积欠最多，累岁灾伤，流殍相属，今来淮南始获一麦，浙西未保丰凶，应淮南东西、浙西诸般欠负不问新旧，有无官本，并特与权住催理一年。"使久困之民，稍知一饱之乐。仍更别赐指挥，行下臣所言六事四事，令诸路安抚钤辖司推类讲求，与天下疲民，一洗疮痏，则犹可望太平于数年之后也。臣伏睹诏书，以五月十六日册立皇后，本枝百世，天下大庆。

此文中，苏轼强调了在饥疫并发的浙西一带，百姓既无充足的粮食果腹，还需面对无力偿还的沉重积欠。他历数百姓生活之悲惨，力陈积欠之危害：

“皆无土可作田塍，有田无人，有人无粮，有粮无种，有种无牛，饿死之余，人如鬼腊。”苏轼痛恨官府不施仁政：“只为朝廷惜钱，不为君父惜民。”他呼吁暂停催收淮南东西、浙西积欠，不问新旧，减轻百姓负担，同时大开粮仓，赈济饥民，旗帜鲜明地提出了自己反对苛税、提倡轻税、改良弊税的主张。并希望以此来缓解社会矛盾，应对肆虐的瘟疫及水旱灾害。

在苏轼的不懈努力下，宋哲宗终于在元祐七年（1092 年）七月下诏，不论新旧，各种积欠一律宽免一年。消息在扬州传开后，老百姓奔走相告，喜形于色。苏轼也很激动，有诗为证：

和陶饮酒二十首（其一）

民劳吏无德，岁美天有道。
暑雨避麦秋，温风送蚕老。
三咽初有闻，一溉未濡槁。
诏书宽积欠，父老颜色好。
再拜贺吾君，获此不贪宝。
颓然笑阮籍，醉几书谢表。

苏轼也深知，虽说各种积欠并没有免除，只是放宽期限一年，但对于老百姓来说，也可以喘一口气了。

从苏轼的这一举措中，能够感到他对百姓真实负担的关心和人性的关怀。苏轼从实际情况出发，切实感受民生疾苦，对积欠背后的原因进行了周密的调查，并以论证严密的报告上书朝廷，陈述了积欠的弊端，申明了自身的主张，其对国家税收事业及民生的关注值得肯定，具有积极的意义。

从另一个层面考虑，受历史条件的限制，苏轼的税收思想有一定的局限性。苏轼没有考虑到减免积欠的适当性，他请求免除两年的积欠，缺乏对国家财政需求的考虑。减税需要考虑合理性，要考虑政府的财政能力能否支持，以免因为减税造成国家更大的经济和社会负担。当然，北宋最后的做法也是出于这样的考虑，只放宽积欠的期限一年，并没有免去积欠。这主要也是因为减税作为一种利益调整，需要从不同维度进行考虑权衡，综合各方面情况对减税价值进行判断，在政府能力与百姓负担之间谋取平衡。否则，简单地减税将会带来财政风险等一系列问题，影响社会的经济发展。

第四节 “轻税薄赋”思想的评述

苏轼的“轻税薄赋”思想无疑是他的众多税收思想中，最能体现其对于国家和百姓之间关系认识的一种。苏轼生活在以儒家思想为主流的宋代，其轻税思想中体现许多儒家理念。他推崇仁政思想，反对当时宋朝通过搜刮百姓来增加财政收入，反对侵害百姓利益而使国家富裕的做法。苏轼认为要藏富于民，通过轻税削减百姓生活压力，百姓才能更好地致力于农业生产，而随着百姓富足，国家财政也会随之增加。

苏轼“轻税薄赋”思想主要体现在三个方面：第一，苏轼反对对百姓不利的税种，主张“较赋税”，即通过调查和比较税法实施的效果是否有益于百姓，从而选择最合适的税法，减轻百姓税收负担。第二，苏轼关注民情，反对苛税。在被贬谪到黄州期间，他曾作诗《陈季常所蓄〈朱陈村嫁娶图〉二首》，批判朝廷过度征税，表达对百姓的深深同情。第三，苏轼主张免除积欠、减轻徭役，减轻百姓的生存负担。苏轼在任职期间见到百姓被积欠所压迫的惨状，也深刻意识到积欠对朝廷的负面影响，故几次强调应及时免除积欠，为百姓减轻负担。此外，苏轼赴任扬州，也看到了徭役的残虐，他向朝廷申明了纲梢制的弊端和改革措施，坚决要求变革纲梢之役，为百姓减轻徭役和赋税的负担。

在其位谋其政，苏轼深入考察了解百姓疾苦，知悉轻税难以落实的问题，一心为民争利，既是作为官员的职责所在，也是其关心百姓的重要举措。苏轼对“轻税薄赋”进行了具体实践，如减免密州赋税、罢“赋税赏格钱”、主张在扬州豁免积欠等。其敏锐地察觉到眼前存在的隐患，并有理有据地进行分析解决，避免造成更大的社会和政治问题。

苏轼的轻税思想在当时具有重要的积极意义。他从现实角度出发，考虑了百姓真实的生活压力，考虑了税收负担是否在百姓的承受范围之内、是否会对百姓正常的经济活动造成影响等问题。过重的税收会对百姓生活造成极大的压力，使得百姓很难安心致力于生产，反而不利于社会经济发展。因此，苏轼所持轻税思想及背后所体现的藏富于民的观念有其合理性。

但苏轼的轻税思想仍有其局限性。轻税薄赋需要考虑合理性，要考虑政府的财政能力能否支持，以免因为减税造成国家更大的经济和社会负担。苏轼作为地方官员更多地看到百姓的苦难，但受儒家“不患寡而患不均”思想的局限，未全面考虑当时北宋的宏观经济状况，未对当时北宋对内财政入不敷出和对外与西夏、辽发生多次战争的问题进行综合考虑并提出解决方案，有一定的局限性。

第四章　苏轼的“安商利商”思想

宋代商税相较前朝实现了较大的增长，这一突破离不开士大夫们在商税领域提出的一些想法和实践，而苏轼就是其中代表之一。苏轼的足迹踏遍北宋多个地方，丰富的基层经验和从政经历促成了苏轼独特的“安商利商”的税源思想。在苏轼的政治生涯中，他提出了不少政策和主张来维护商人的利益、促进商业的发展。在向朝廷上书的许多奏议中，苏轼主张“农末皆利”，不赞成“官榷”和“均输法”，并提出一系列相关措施，如主张减轻盐贩的负担、罢“五谷力胜税”、改善漕运制度，这都体现了“安商利商”的思想。

第一节　“安商利商”思想的形成基础

宋代是我国封建社会中商品经济高度发展的朝代。北宋商业发展达到新的阶段，商品经济迅速发展，商业市场非常繁荣。北宋之前，城市一般分为坊和市，住宅区与商业区严格分开。在北宋，随着商品经济的发展和城市人口的增加，坊和市之间的界限被彻底打破。苏轼出生在成都的眉州，不仅文化兴盛，而且经济也很发达，当时已有“扬一益二”（扬州第一，成都第二）的说法。眉州的大街小巷都有商店和作坊，商业化气息十分浓厚。苏轼从小生活在这样的社会环境中，虽然没有其直接经商的记载，但是听父讲商、看母经商、在朝论商、为官护商的经历特别丰富，这为苏轼的“安商利商”思想的形成奠定了坚实的基础。

从家庭背景看，由于得天独厚的自然环境和盐铁经营的经济优势，苏轼成长的川陕地区在宋代商品经济发展中长期占据突出地位。在苏轼出生的眉州，茶叶、桑葚和纺织业历来蓬勃发展。苏轼的兄弟苏辙还写了一首七言律诗《记岁首乡俗寄子瞻二首·蚕市》[①]：“枯桑舒牙叶渐青，新蚕可浴日晴明。前年器用随手败，今冬衣着及春营。倾囷计口卖余粟，买箔还家待种生。不惟箱篚供妇女，亦有鉏镈资男耕。空巷无人斗容冶，六亲相见争邀迎。酒肴劝属坊市满，鼓笛繁乱倡优狞。蚕丛在时已如此，古人虽没谁敢更。异方不见古风俗，但向陌上闻吹笙。”这首诗生动地描绘了居住在成都平原的苏氏家族属于亦农亦商之家，与市场之间存在频繁的经济往来。母亲是商人，而在生意之余也在农耕和养蚕，每年都会在市场上出售剩余粮食，购买养蚕工具和家具，为繁殖桑蚕做准备。苏轼出生在四川这样一个商品经济发展历史悠久的地区，又处于北宋社会如此浓厚的商业氛围中，这都为他“安商利商”思想的形成打下了基础。

从家庭教育看，父亲苏洵是个文人，他认为，“利在则义存，利亡则义丧”。利益存在，义就存在；利益消亡，义也会消亡。[②] 苏洵还认为，不应该以谈论利益为耻，可以说这与儒家传统的“义”与“利”的对立观点不同，也使苏轼对商业的理解有了新的认识。而苏轼的母亲程夫人则是一个商人，程夫人认为，商人的职责就是互通有无，方便百姓生活，提高百姓的生活品质。父母对商业的理解对苏轼产生了重要影响，苏轼形成了如果没有利，那也不足以成义的认识。后来，苏轼提出了“义非利，则惨烈而不和”的观点，并强调商业行为对个人价值的实现具有积极的影响。

从社会经济背景来看，北宋成都创印的“交子”，是世界上最早的纸币，

---

① 苏辙．栾城集（全三册）［M］．上海：上海古籍出版社，2009.

② 曾枣庄，刘琳．全宋文［M］．上海：上海辞书出版社，2000.

它的产生和流通使商品交易更加方便。创印“交子”之前，四川地区一直使用铁币交易。为解决铁币币值小、质量重、携带不便的问题，“交子铺户”应运而生。“交子”的出现体现了宋朝商业经济发展之迅速，原本用于交易的货币不再适应庞大的交易体系，这也反映出宋朝商业的繁荣。

从社会认知看，宋代人普遍认为，商人在本质上不再是一个可有可无的职业，全社会对商人的态度也发生了改变。比如，范仲淹写《四民诗》为商人鸣不平，“吾商则何罪，君子耻为邻”①。与苏轼一样，许多学者、官员对“农业最重要，商业最不重要”的观点提出了不同的看法。有人从士农工商对于国家的贡献角度来分析，认为士农工商不仅对国家的发展来说都是重要的，而且在地位上士农工商者应当都是平等的，不应该厚此薄彼，有任何的歧视。通过学者、官员们不断肯定商人的社会地位，朝廷也逐步承认商人的合法地位，从而推动了宋代商业的空前繁荣。

在整个宋代，商人和士大夫和谐共处的现象普遍存在，甚至出现一些官职也允许商人直接任职。比如，治平元年（1064 年）发布了一项法令，“工商杂类，有奇才异行者，亦听取解”。这意味着，在工商杂类中，杰出人物、有特殊才华的商人也可以担任职务②。在《宋会要辑稿》中，淳化三年（992 年）发布诏令，“乃至工商之子，亦登仕进之途”③。一些商人的子女可以参加科举考试，成为官员，如北宋的参知政事冯京，他在神宗年代就参与了政治事务，而根据宋史学者张邦炜的研究，冯京的父亲是一位商人。清代沈垚在《落帆楼文集》中写道：“古者四民分，后世四民不分。古者士之子恒为士，后世商之子亦能为士，此宋元明以来变迁之大较也。”④ 古时候将百姓分为“士农工商”四类，而在后世便不再沿用这种分类了。在宋代以前，士大夫的后代都是士大夫，但从宋朝开始商人的后代也可以成为士大夫。这是宋、元、明以来

① 范仲淹．范仲淹全集［M］．成都：四川大学出版社，2007.

②③ 徐松．宋会要辑稿［M］．北京：中华书局，1957.

④ 沈垚．落帆楼文集［M］．湖州：吴兴刘氏嘉业堂，1927.

的主要变化。张邦炜认为，宋代以后，天下的士大夫大多是商人出身。许骧和冯京是从商人到士大夫的典型代表①。通过这些途径，宋代商人的社会地位逐渐开始发生变化，商人政治地位也随之变化，政治参与能力也得到加强。漆侠认为，要实现商人向官僚地主的转变，首先要刻苦读书，然后参加科举考试并被任命为官员。

从城市商业的繁荣、促进贸易的纸币的出现、商人地位的提升中，可以看出宋代出现了不可阻挡的经商潮流。比如，政府有垄断经营的产业，官员也经营着自己的私人产业，甚至进京赶考的文人也会在去考试的途中做生意。苏轼《东坡八首　其七》中有言：“潘子久不调，沽酒江南村。郭生本将种，卖药西市垣。”② 可以看出，苏轼的朋友潘、郭二人都是士大夫出身，但他们还从事商业活动，一个卖酒，另一个卖药。据不完全统计，《全宋诗》共有二十七万多首宋诗，其中反映商品流通，商人的商业行为、理念和政策的就有超过万首，宋代商品经济的繁荣可见一斑。

在宋朝，最能反映社会风气和价值观的婚姻观念也随着商业的发展发生了巨大的变化。在宋朝，商人会榜下捉婿，用丰厚的财产来寻找可以作为女婿的士大夫。其中，朱彧就写有“近岁富商庸俗与厚藏者，嫁女亦于‘榜下捉婿’，厚捉钱以饵士人，使之俯就，一婿至千余缗”的文章来论述当时的社会情况。其实，榜下捉婿蕴含了特定的社会文化内涵，反映了当时士大夫和商人的联姻现象。参加科举考试的读书人借用这个机会增强了他们的财力，实现名利双收；商人们也借此机会改变并改善他们的社会地位，两者补足了彼此的短处，形成互利共赢的局面。

苏轼一生仕途不顺，辗转多地在地方任职，通过深入百姓了解并体察官府的“困商之政”给百姓带来的困扰，同时认识到商品经济对社会生产和百姓

① 张邦炜，吴菁菁．冯京“由商而士”问题探讨：北宋时期社会流动的一个实例［J］．西北师大学报（社会科学版），2011（3）．

② 张志烈，马德富，周裕锴．苏轼全集校注［M］．石家庄：河北人民出版社，2010.

生活的重要影响，这些宝贵的经历都促进了苏轼独特的“安商利商”思想的形成。

第二节 “安商利商”思想的核心内容

苏轼在当时是较少受到传统的重本抑末思想影响的人，他把农、工、商都看作是国家必不可少的组成部分。与一般的文人士大夫不同，苏轼的观点具有明显的反传统的特点。其“安商利商”思想主要有以下三个方面：主张“农末皆利”，朝廷不应该重征商税；不赞成“官榷”与“均输”，主张放手让私商自由经营、由国家征收商税；不应以商税作为官吏考核升迁的唯一依据。

一、主张“农末皆利”，朝廷不应该重征商税

中国古代政府一般将平民职业分工按“士农工商”进行排序，但苏轼认为“农末皆利”。同范仲淹、李觏一样，他把农业、工业、商业三者视为使人民富裕所不可或缺的部分。提倡农商并重，共同促进商品经济发展，否则谷贱则伤农，太贵则伤末。苏轼认为，农业生产可以提供食物，工业生产可以提供器具，商人可以进行投资使货物在天下流通。

苏轼的这一观点是建立在其自身地方行政经验之上的，这可以在其《乞免五谷力胜税钱札子》《缴进五谷力胜税钱议札子》《乞减价粜常平米赈济状》《论纲梢欠折利害状》《乞岁运额斛以到京定殿最状》《乞罢登州榷盐状》《上神宗皇帝书》[1] 等一系列有关商税的著名奏议中得到突出体现。比如，苏轼曾上书指出，当时杭州地区便是仰赖苏州、嘉兴等地的商旅贩运粮食才得以满足当地官民的日常需求，《论浙西闭籴状》中提出“若商旅不行，米贵不已，农

① 张志烈，马德富，周裕锴．苏轼全集校注［M］．石家庄：河北人民出版社，2010.

夫阙食，春夏之交无力种，则明年灾伤，公私并竭，不知何以待之”。如果商旅不贩卖粮食，米价就会上涨，农民由于缺少食物在第二年也无力耕种，无论是官府还是百姓都会蒙受损失。

苏轼反对重征商税。认为只有商税负担减轻了，才可能更多地引导民众投身商业活动，做到“驱民归商”，使百姓也能从中受益。苏轼在《乞免五谷力胜税钱札子》提出“丰凶相济，农末皆利，纵有水旱，无大饥荒”。通过丰年和荒年相互补充，让农业和商业都有利可图。国家只有在丰年时注意有所储备，在荒年时才能运用丰年积蓄下来的财物维持最基本的生活条件，才能使百行百业都兴旺昌盛、蓬勃发展，国家才能繁荣富强。苏轼的这一观点不同于重农抑商的传统认知，也使其成为宋代为商人辩护、维护商人利益的重要代表之一。当然，也应看到，苏轼反对重征商税，并不代表彻底否定征收商税的行为，他所强调的在于“适度”。商税相比于当时主流的“官榷”而言，更符合社会经济发展规律，而且北宋也确实需要依靠商税增加财政收入从而渡过政治和经济难关。并且，苏轼提出“驱民归商”，并不是强迫所有农业劳动力都去经商，而是在商品经济和社会分工发展的基础上，使农业劳动力改从他业有了更大的可能性，同时为农业劳动力的个人发展提供了更广阔的空间。这一点是出于适应社会生产力发展的需要，是对“工商为末”传统观念的冲击和修正。

苏轼不仅反对官营工商，而且还提出应减轻私营工商的赋税负担，使私营工商安于本业，能够正常地发展下去，从而带来社会的稳定与繁荣。在登州的榷盐问题上，也明确体现了苏轼的这一观点。苏轼认为，小盐商的免税贩卖，将带动整个盐业从生产、销售、收入分配到消费等多方面的良性循环，从而促进经济发展和国家安定。苏轼反对官营工商，主张民间私营，维护良好的营商环境，这种着眼于安商利商，并且注意兼顾国家、大商人、小商贩和消费者利益的思想，对于发展工商业经济、维护社会安定具有积极的意义。

被北宋商品经济繁荣的大环境包裹着，再加上自身丰富的地方行政经历，苏轼还积极倡导《周易·系辞》中提到的“日中为市，致天下之民，聚天下之货，交易而退，各得其所。”[①] 苏轼很看重人们从事商业的积极性，因此希望朝廷能够调整政策，由国家专卖改为征收商税。并且在商税征收上，主张对大小商人一视同仁，对零售商减轻赋税。他认为这样能够带动税基、税源的增长。宋朝是中国古代历史上极少数征收商业税超过农业税的朝代。据统计，到熙宁十年（1077 年），北宋财赋总收入共 7070 万贯，其中，农业的两税 2162 万贯，占 30%；工商税 4911 万贯，占 70%[②]。此后直到清朝末年，商业税收入才再一次超过了农业税。

二、不赞成“官榷”与“均输”，主张放手让私商自由经营，由国家征收商税

“官榷”制度历朝历代都在推行，只是每个朝代实施“官榷”的范围存在一定的差异，普遍集中在盐、铁、酒、茶管理制度。苏轼不赞同宋代实施的“官榷”制度，认为“官榷”制度虽然为政府积累了大量财富，但也限制了商业的发展，导致不断有商人以各种形式反对“官榷”，严重影响了社会秩序。苏轼在《上韩魏公论场务书》中这样写道：“方今山陵事起，日费千金，轼乃于此时议以官榷与民，其为迂阔取笑可知矣。”苏轼对于“官榷”的反对主要体现在《论河北京东盗贼状》[③]《上文侍中论榷盐书》[④]《上韩丞相论灾伤手实书》[⑤] 这些文书中。其在《上文侍中论榷盐书》中提出：“自古作事欲速而不取众议，未有如今日者也。然犹迟久如此，以明作始之难也。今既已榷之矣，则他日国用不足，添价贵卖，有司以为熟事，行

① 金景芳．易经·系辞传［M］．沈阳：辽海出版社，1998.

② 马端临．文献通考［M］．北京：中华书局，1986.

③ 张志烈，马德富，周裕锴．苏轼全集校注（第十三册文集四）［M］．石家庄：河北人民出版社，2011.

④⑤ 张志烈，马德富，周裕锴．苏轼全集校注（第十六册文集七）［M］．石家庄：河北人民出版社，2011.

半纸文书而决矣。[1]”苏轼认为官府一味追求财政收入而采用的只求速度的做法是无效的，欲速则不达，一旦国家遇到财政困难，就会危害社会稳定。苏轼不赞成以官府垄断经营的方法来实现国家富裕的目的，认为王安石以桑弘羊的“民不益赋而天下用饶”[2] 作为口号，采用盐铁官营等方式增加政府收入的办法不可取，认为这些办法只不过是想方设法争夺农民的利益，产生的危害比加重税负还严重。

苏轼在《上韩魏公论场务书》中提出“均多补少，要以共足”[3]的观点，建议将“官榷”中的盐酒茶木这些日常生活用品由专卖转为民卖[4]。表面上看，国家虽然会暂时损失一部分专卖利润，但实际上通过对相关商品从业者进行一定的减免税政策，调动了大商人作为批发商、小商人作为零售商的积极性；通过征收商税，扩大了商税来源，活跃了经济，这些完全可以弥补之前的专卖损失。苏轼在此文中从政治和经济两个方面充分阐述了“官榷与民”的缘由：“从轼之说，而尽以于民，失钱之以贯计者，轼尝粗较之，岁不过二万。失之于酒课，而偿之于税缗，是二万者，未得为全失也。”[5]国家收入不会减少，同时百姓和商人也能从中受益，于国于民都有好处。

“均输法”是王安石变法期间提出的第一项新法，它针对物资供给体制存在的问题，借助市场的力量来提高交易效率、扩大漕粮买卖。宋代赋税采取的是部分征收实物的形式，当纳税户在购买实物时，大商人从中操纵把持，从而加重纳税户负担，并影响国用。“均输法”实施的目的，在于改变过去不管年成丰歉，征收数额不变，以至“丰年便道，可以多致而不能赢；年俭物贵，难于供亿而不敢不足”的弊病，扭转“多求于不产，责于非时”的状况并解决供需脱节的矛盾，为此，王安石推行“均输法”。根据“均输法”的内容，

---

①③⑤　张志烈，马德富，周裕锴．苏轼全集校注（第十六册文集七）［M］．石家庄：河北人民出版社，2011.

②　司马迁．史记［M］．北京：中华书局，2013.

④　阚明娜．苏轼的商税观及其应用实践［J］．传播力研究，2018（30）.

实施该法有利于扩大国家财政收入，但是不利于商人进行商业贸易。由于“均输法”对当时较为繁荣的商品经济的发展产生了不利影响，针对如何解决汴京物资需求和东南六路供应严重脱节、富商乘机牟利、农民困于租税的问题，苏轼与王安石的想法也不相同。苏轼的《上神宗皇帝书》阐明了“均输法”干扰商品经济规律的种种弊端：第一，“夫商贾之事，曲折难行，其买也先期而与钱，其卖也后期而取直，多方相济，委曲相通，倍称之息，由此而得”①，私人商业活动中的预购赊卖方式将受到限制。第二，“今官买是物，必先设官置吏。簿书廪禄，为费已厚；非良不售，非贿不行，是以官买之价，比民必贵；及其卖也，弊复如前”②，专卖之价比商卖还高，反而加重百姓负担，同时在封建政府管理体系不够完善的情况下，商品流通亦受到抑制，“商贾之利，何缘而得”③，国家征收商税甚至不如私商自由经营时有利。第三，“豪商大贾，皆疑而不敢动，以为虽不明言贩卖，然既已许之变易，变易既行，而不与商贾争利，未之闻也”④。商人在市场中承担的风险很大，如果政府剥夺原本属于商人的收益，将不利于市场作为配置资源的有效机制，会导致社会经济受损。所以苏轼明确反对以官府垄断经营的方法来实现国家富裕，希望国家能够放手让私商自由经营，不再实行国家专卖。他认为放手让私商自由经营要比实行国家专卖更有利，自由经营可以刺激商人从事商业的积极性，带动税基增长，税额自然也就会随之增长，国家富裕也就指日可待了。

三、不应以商税作为官吏考核升迁的唯一依据

两宋时期，封建政府在上至京城，下至县、镇、渡口、墟市、草市等设有征收商税的机构，形成一个较为完善的征收商税网络。据史料统计，熙宁十年（1077年），全国的商税征收机构就达2060个，其中，成都路就有72个商税

---

①②③④ 张志烈，马德富，周裕锴．苏轼全集校注（第十六册文集七）［M］．石家庄：河北人民出版社，2011.

机构。仁宗盛治年间商税最高可能达到了2000万缗，有些地方“州郡财计，除民租之外，全赖商税”。

宋代商税的最高权力机构随元丰改制而有所变化。元丰改制前，主要由三司使主管，元丰改制后，则由太府寺和户部所属的金部分掌。中央一级商税主管行政人员也被分为两个系统，一个是太府寺，由太府寺卿（或者少卿）、都商税务主管人员、京城各场务监当官。另一个是中央一级最高商税官主管，名义上是尚书令主管，实际由户部的尚书侍寺郎总领，其下又由金部郎中或金部员外郎负责，路一级商税主管机构由转运使或转运副使主管商税，州一级无商税主管机构，但有商税主官，州一级由知州总领，通判主管。县一级也无商税主管机构，但有商税主官，县一级商税由知县总领，主簿主管。州、县以下设有税务机关，并有具体负责各场务征收商税事宜的场务官员，称为监当官或场务监临官。苏轼先后在陕西凤翔、杭州都任过通判，也就是说，苏轼也主管过税收。

宋代税务官员一是朝廷选派，二是各级京朝官举荐后朝廷加以委任。宋代的场务监官由于其社会地位较低而常常受到人们的轻视，并且场务监官或监税官一般都是中央各级官员或地方上较高级别的官员由于犯罪或政治斗争失势而被贬黜的人员来担任。比如，真宗时，丁谓在激烈的宫廷斗争中失败以后，不仅本人被降职，还祸及其子丁珙，丁珙由直集贤院珙主被贬为太子中允，落职监郢州税。又如，苏辙由于为其兄苏轼申诉“乌台诗案”受到牵连，被贬到江西筠州任“税监课，五年不得调”。

宋代商税的征收，实行“祖额制”。所谓祖额，在《续资治通鉴长编》中记载“宋制，茶、盐、酒等税钱皆有定额，称为祖额。按定额征收情况，定期比较，进行奖惩”。《宋史》也记载“按宋制茶盐酒税各地都有定额，叫做祖额”。

宋代商税征收中的祖额制，是封建政府为了增加财政收入而对商税征收官员采取的一系列赏罚制度。在实施祖额制的过程中，以祖额为基点，以增加商税收入为目的，以比较科罚为手段，从而达到其增加财政收入的目的。同时，祖额制也是衡量商税征收官员政绩的一项重要指标。

宋仁宗康定元年（1040 年）规定了场务税监官的赏罚标准。具体措施是：“将一任内本道诸处场务所收课利与祖额递年都大比较，除岁有凶荒别敕权阁不比外，其余悉取大数为十分，每亏五厘以下罚两个俸，一分以下罢三月俸，一分以上降差遣，若增及一分以上亦别与升陟。”从史料记载来看，宋神宗熙宁七年（1074 年）都提举市易司吕嘉问因在京都商税课额增羡中而被提升一官。

宋代商税基本是以货币为形式征收，需要税务官员对征收对象进行估价。一些商税征收官员为了多征税款，增加业绩，得到更多、更好的奖励，往往利用估价之权将商品价值高估，提高商人的税负基数。元祐七年（1092 年），苏轼在扬州上任就发现当地税务官员为讨好上级、寻求升迁，千方百计地提高收税税额的情况。比如，在征收“过税”（即人们所说的过关卡税）时，商品并没有销售变现，商人不一定有足够的货币缴税，税务官员就会要求商人以货物作价抵税的方式进行变通，并且对货物的折价普遍偏低，这在一定程度上又刺激了税务官员贪污受贿、中饱私囊的行为。因此，苏轼认为，不应该将收取商税的数额作为税务官员考核升迁的唯一依据。

第三节　“安商利商”思想的具体实践

苏轼本着“安商利商”的思想，在他的政治生涯中为商人争利，开展了很多实践来维护商人的利益和促进商业的发展。

一、主张贩盐三百斤以下免税

登州濒临渤海、黄海，海岸线长且滩涂广阔，自古盛产海盐。早在春秋时代，管仲根据胶东丰富的海洋资源，实行“海王之国，谨正盐筴”[①] 的政策，即收征盐税借以富强。为了多产盐，在沿海设立了许多煮盐专户（灶户）。在北宋后期，沿海地区的经济发展相对落后。灶户以煮盐来维持生计，人们依靠灶户来获得食盐。京东及河北路从宋初起一直实行通商政策。

熙宁八年（1075 年），权发遣三司使章惇认为，“河北、京东盐院失陷官钱甚多。诸路榷盐，独河北、京东不榷，官失岁课，其数不赀”[②]，支持王安石变法的章惇等新党主张对京东、河北实施榷盐。但这一主张受到了苏轼、文彦博等人的坚决反对，因此，章惇的建议被搁置，但新党之中榷河北、京东盐的主张从未停歇，并在元丰年间越来越盛。

由于元丰三年（1080 年）六月，李察认为，现在国家“三冗”问题非常严重，外部局势也动荡不定，朝廷开支日益增加，设置盐榷是增加财政收入的一条非常快捷的渠道，于是谏言改革京东路盐法，在行海盐的十二州置买盐场，“尽灶户所煮盐，官自卖之，禁私为市”。此举切断了灶户和商人之间的直接联系，官府设置买卖盐场，从灶户那里买盐，再将盐卖给商人。这一买一卖之间获得的收入称之为盐息钱。

后来，吴居厚继承了李察的榷盐法，在增加盐息钱的同时，主张追缴过去二十年所欠负的盐税钱。元丰六年（1083 年）二月，京东转运司上奏说自实行榷盐制度的一年半，共收息钱 36 万缗[③]，则一年的盐息钱在 24 万缗左右。神宗对此非常满意，称赞吴居厚“谨于营职，敏而有功”。京东榷盐的成功，促使争议较大的河北榷盐问题变得毫无悬念。六月，神宗下诏“令蹇周辅、李南公于界首约吴居厚，面授京东成法行之”[④]。京东路新盐法已经成为“成

① 刘向．管子［M］．贾太宏，译注．西苑出版社，2016.

② 张呈忠．元丰时代的皇帝、官僚与百姓：以“京东铁马、福建茶盐”为中心的讨论［J］．社会科学，2017（8）.

③ 原文二月时上奏此事，具体数目皇帝并不知真伪。

④ 徐松．宋会要辑稿［M］．北京：中华书局，1957.

法”，作为经验进行推广。元丰六年（1083 年）十月，权发遣河北路转运副使李南公专提举盐事，张适为转运判官、同提举。河北的榷盐法也完全确立起来。

元丰八年（1085 年），登州已经实施了[①]榷盐制度，灶户生产的食盐只允许卖给官员，但价格不到过去卖给百姓的三分之一。当百姓向朝廷购买食盐时，他们必须支付比向炉户购买时高得多的价格。灶户晒盐，官家低价收进、高价卖出。官榷食盐，虽然增加了财政收入，但给登州人民带来了极大的负担。食盐在各个环节的垄断必然导致官府经营管理成本的增加，同时也滋生出官员腐败等问题，民怨颇重。此时苏轼正好在登州任太守，在登州太守位上仅任职了五天就意识到了登州存在的严峻问题，接连向朝廷呈送《乞罢登州榷盐状》《登州召还议水军状》等若干奏折，并对此地的榷盐政策进行了有理有据的反对。

苏轼在《乞罢登州榷盐状》中提出：“独臣所领登州，计入海中三百里，地瘠民贫，商贾不至，所在盐货，只是居民吃用。今来既榷入官，官买价贱，比之灶户卖与百姓，三不及一，灶户失业，渐以逃亡，其害一也；居民咫尺大海，而令顿食贵盐，深山穷谷，遂至食淡，其害二也；商贾不来，盐积不散，有入无出，所在官舍皆满，至于露积，若行配卖，即与福建、江西之患无异，若不配卖，即一二年间举为粪土，坐弃官本，官吏被责，专副破家，其害三也。”[②] 与经济较为发达的淮浙地区情况不同，在登州实行榷盐制度危害很大，主要体现在以下三个方面：

第一，登州榷盐制度导致灶户失业。登州土地贫瘠、百姓贫穷，没有商户。灶户以煮盐来维持生计，百姓依靠灶户来获得食盐。现在有了榷盐政策，灶户所产的盐，一律由官府压价收购，再由官府抬价卖给百姓，百姓不得直接

---

① 可以确定苏轼是元丰八年上任登州，而且此时登州榷盐形势严峻。

② 张志烈，马德富，周裕锴．苏轼全集校注（第十三册文集四）［M］．石家庄：河北人民出版社，2011.

向灶户买盐。而官员收购灶户的盐，价格不到过去卖给百姓价格的三分之一，因而很多灶户失业而无法维持生计，逐渐逃亡。

第二，登州榷盐制度导致百姓无力负担高昂盐价。百姓若靠近大海，那么顿顿有食盐；深山穷谷之中的，就饮食清淡。登州的百姓虽靠近大海，但因实行榷盐制度后，专卖的盐价很高，且灶户又纷纷逃亡导致供给数量减少，进一步抬高了盐价，百姓怨声载道。

第三，登州榷盐制度导致官员利益受损。登州地处京东，而京东是边防重地，地理位置偏僻，百姓贫穷，交通不便，没有商人涉足，所产的盐无法卖到外地去。官员从民间收的食盐堆积，不断买入但又无法卖出，加上盐本身也难以保存，所以很多盐在一两年之间就化为乌有，负责盐储存的官员必须赔偿国家的损失。结果就是，官员无利可图。而相比之下，淮浙盐可以销往外地，不会积存。

苏轼通过列举了三个危害，表明了他的态度：“官无一毫之利而民受三害，决可废罢”，认为应该要废除登州的榷盐制度。又对比了莱州的情况，“窃闻莱州亦是元无客旅兴贩，事体与此同”①，邻近的莱州情况大致相同。

苏轼基于实际情况提出建议：“欲乞朝廷相度，不用行臣所言，只乞出自圣意，先罢登莱两州榷盐，依旧令灶户卖与百姓，官收盐税。其余州军，更委有司详讲利害施行。谨录奏闻，伏候敕旨。”② 其恳切地要求朝廷罢免登州、莱州的盐业官府垄断专营的制度，主张仍然按照灶户销售给百姓，然后官员再向百姓征税的方式。

熙宁七年（1074 年）十一月，苏轼在《论河北京东盗贼状》中指出，河北、京东两个地区自古以来是不实行官府垄断盐业经营政策的，当地的居民大多以此为生。但是推行新政以后，对盐业征收的税款却日益增多，从原来三十

①② 张志烈，马德富，周裕锴．苏轼全集校注（第十三册文集四）［M］．石家庄：河北人民出版社，2011.

三万两千余贯，增至熙宁六年的四十九万九千余贯，税负过于繁重，百姓无法承受。苏轼认为，这些小盐贩做的是小本生意，本钱不过一两贯，如果偷税漏税的话，会受到严重的惩罚，如果按规定纳税，百姓只能获得微薄的利润。想要耕种土地，又遇到饥荒之年，如果不做盗贼，就只能忍受饥饿。正是由于税收与日俱增，政府的赋税太重，百姓生活举步维艰，使“小民无以为生，举为盗贼”，与五六年前赋税较轻时的“盗贼稀少”相比，现在则是“刑法日峻，告捕日繁”“盗贼日众”[①]。显然，苏轼认为，河北、京东百姓造反的根本原因是政府的赋税太沉重，使他们失去生计，铤而走险。为此，苏轼请求朝廷颁布相关法令：道路两旁贩卖食盐的小商贩，如果盐的重量在三百斤以下，那么就可以免征税款。只有政府免税，许可小盐贩自由贩卖，才能使贫苦的老百姓一心关注盐业的经营，不再沦落为盗贼。

苏轼上奏有理有据，打动了朝廷，朝廷准许登州、莱州实行特殊政策。苏轼为登州、莱州百姓争取到了不食官盐的优惠，登州、莱州废除盐业官府专营的政策，一直到晚清都在沿用。当年，登州、莱州两个地区的很多县城百姓，为了向苏轼表达感激之情，自发地立起石雕，将《乞罢登州榷盐状》刻在石雕上以作纪念。

乞罢登州榷盐状

元丰八年十二月日朝奉郎前知登州军州事苏轼状奏：右臣窃闻议者谓近岁京东榷盐，既获厚利，而无甚害，以谓可行。以臣观之，盖比之河北淮浙，用盐稀少，因以为便。不知京东旧日贩盐小客，无以为生，大半去为盗贼。然非臣职事所当言者，故不敢以闻。独臣所领登州，计入海中三百里，地瘠民贫，商贾不至，所在盐货，只是居民吃用。今来既榷入官，官买价贱，比之灶户卖

① 张志烈，马德富，周裕锴．苏轼全集校注（第十三册文集四）［M］．石家庄：河北人民出版社，2011.

与百姓，三不及一，灶户失业，渐以逃亡，其害一也；居民咫尺大海，而令顿食贵盐，深山穷谷，遂至食淡，其害二也；商贾不来，盐积不散，有入无出，所在官舍皆满，至于露积，若行配卖，即与福建、江西之患无异，若不配卖，即一二年间举为粪土，坐弃官本，官吏被责，专副破家，其害三也。官无一毫之利而民受三害，决可废罢。窃闻莱州亦是元无客旅兴贩，事体与此同。

欲乞朝廷相度，不用行臣所言，只乞出自圣意，先罢登莱两州榷盐，依旧令灶户卖与百姓，官收盐税。其余州军，更委有司详讲利害施行。谨录奏闻，伏候敕旨。

苏轼切实考虑登州的情况，对于榷盐制度有独到的看法，不仅解决了灶户的生存问题，还解决了当地百姓的吃盐困难。对此事，有学者认为，苏轼的这一观点主张不但使得小型灶户重新拥有了自己的生存空间和出路，对于大商人也有一定的益处，同时还能够增加国家的财政收入。小盐商的免税贩卖，使得普通百姓、小商贩、大商人都能够获益，从而提高了盐业生产、销售、消费的积极性，促进了整个社会的经济发展，对维护国家的安定也有一定的作用。

从经济发展的角度来看，苏轼着眼“安商利商”，因地制宜地考虑问题，具有积极的意义。食盐的专卖或通商问题对于一个国家的经济发展有很重要的影响，北宋的榷盐制度也有其内在局限性。不少学者认为大宗商品的专卖制度存在抑制商品经济发展活力、挤压商人发展空间等问题，尤其是在特殊的地理环境和位置，其局限性更加明显。苏轼考虑到了登州所处的京东、河北路地区的特殊环境，由于历史、地理、商业发展等种种原因，登州并不适宜继续实行榷盐制度，因为榷盐制度会对当地的盐商、百姓、官员带来极大的影响。

对于苏轼提出的“贩盐三百斤以下免税”的主张，从当时的社会情况背景看，具有很强的现实意义。苏轼认为，“三百斤以下免征”将带动整个盐业从生产到销售、收入分配、消费等各个方面的良性循环，从而推动经济的发展，促进国家的安定。具体体现在以下四个方面：一是不仅使小商贩重新有了生路，而且对大商贩、国家财政收入也有益处。二是朝廷允许小盐贩免税，自由贩卖，小商贩必然争相购买食盐，这样就能促进大商贩扩大批发业务。三是小商贩买盐、贩盐积极了，大商贩就不会使自己的货物积滞，从而增加了销售数量、扩大了销售范围，偏远的乡镇没有不用盐的，所以覆盖的范围很广，赚的钱会更多。四是销量增加了，朝廷收缴的税款就一定会增长，因免税带来的亏损也可以弥补回来，朝廷不会有很大的损失。总之，苏轼认为小商贩买盐、贩盐就应当免税。这是苏轼“安商利商”思想最直接的体现。

同时，苏轼提出“贩盐三百斤以下免税”的主张，实质上是提出了一个起征点的问题，具有极度超前的观点，这在我国首次提出了“征税起征点”的论点，虽然当时没有推行，但是他的这一主张却影响着后世人们对征税的看法。直到现在，苏轼的这一观点对于发展经济、改善营商环境仍然有很大的借鉴意义。

二、免“五谷力胜税”

力胜税原名“五谷力胜税”，是一种“过税”，也是宋代商税的一种。在以往，朝廷都是不征收粮食税的，这是为了让商人在丰收地区抢购粮食，以抬高过低的价格；也是为了让商人在灾区售卖粮食，以降低不断上涨的粮食价格。宋神宗去世以后，军政费用日增，商税的额外课征也日渐增多，对商运征五谷力胜钱，规定凡商民车、船载米或食盐入市售卖，其车、船须纳力胜钱。税率看似只征收2%，但事实上，宋代在官道、水道和渡口都设置有很多税场[1]。陆游的《入蜀记》中记载：“过雁翅夹，有税场，居民二百许家”。有的货物可能会被征收数十次“过税”，增加了商人的负担，不利于商品流通。因此，在苏轼看来，有必要减少对商品征收的“过税”。

“五谷力胜税”的征收，破坏了农业和商业的发展。因此，苏轼一而再再

① 税场即征税的场所。

而三地上书朝廷，主张免去“五谷力胜税”。五谷免税，将激励更多的商人从事这个行业，资金回笼，行业发展壮大，那么其他种类的税收收入必然会增加，所得到的也必然会多于免征“五谷力胜税”所减少的财政收入。

苏轼在杭州任职时，元祐四年（1089 年）上书《再论闭籴状》，元祐五年（1090 年）再次上书《上吕仆射论浙西灾伤书》，希望朝廷免去五谷力胜税钱。元祐七年（1092 年）十一月七日，苏轼回到朝廷任职，又上书《乞免五谷力胜税钱札子》①，文中写道：

臣闻谷太贱则伤农，太贵则伤末。是以法不税五谷，使丰熟之乡，商贾争籴，以起太贱之价；灾伤之地，舟车辐辏，以压太贵之直。自先王以来，未之有改也。而近岁法令，始有五谷力胜税钱，使商贾不行，农末皆病。废百王不刊之令典，而行自古所无之弊法，使百世之下，书之青史，曰：“收五谷力胜税钱，自皇宋某年始也。”臣窃为圣世病之。

苏轼认为，“五谷力胜税”的征收侵害了商人们的利益，“致商贾无利，有无不通，丰年则谷贱伤农，凶年则遂成饥馑”，会在一定程度上阻碍农业和商业的协调发展。从粮价上涨的经济角度看，官收“五谷力胜税”势必会影响到粮价，而粮价问题牵连甚广。粮价太低，农民会吃亏；粮价太高，商人会吃亏，这就造成了“农末皆病”。所以，一直以来，不征收粮食税是合理的。

文中还写道：

右臣窃谓：若行臣言，税钱亦必不至大段失陷，何也？五谷无税，商贾必大通流，不载见钱，必有回货。见钱回货，自皆有税，所得未必减于力胜。而

① 刘清泉．谈苏轼的赋税观［J］．乐山师范学院学报，2018，33（9）．

灾伤之地，有无相通，易为振救，官司省费，其利不可胜计。今肆赦甚近，若得于赦书带下，益见圣德，收结民心，实无穷之利，取进止。[①]

苏轼反对朝廷在粮食贸易中征收五谷力胜税钱，主张充分发挥商贾的作用，取消“五谷力胜税”，让商贾运贩粮食有利可图。这样一来粮食免税自由流通，粮价自然波动，从而使“农末皆利”。对官府而言，虽然失去了五谷力胜税钱收入，但可从其他税收中得到补偿。

元祐八年（1093 年）三月十三日，苏轼再上书《缴进免五谷力胜税钱议札子》[②]：

臣闻应天以实不以文，动民以行不以言。去岁扈从南郊，亲见百姓父老，瞻望圣颜，欢呼鼓舞，或至感泣，皆云不意今日复见仁宗皇帝。臣寻与范祖禹具奏其状矣。窃揆圣心，必有下酌民言，上继祖武之意。兼奉圣旨，催促祖禹所编仁宗故事，寻以上进讫。臣愚窃谓陛下既欲祖述仁庙，即须行其实事，乃可动民。去岁十一月七日，曾奏乞放免五谷力胜税钱，盖谓此事出于《天圣附令》，乃仁宗一代盛德之事，入人至深，及物至广，望陛下主张决事。寻蒙降付三省，遂送户部下转运司相度，必无行理。谨昧万死，再录前来札子缴运进呈。伏愿圣慈特赐详览。若谓所捐者小，所济者大，可以追复仁宗圣政，慰答民心，即乞只作圣意批出施行。若谓不然，即乞留中，更不降出，免烦勘当。取进止。

贴黄。臣所乞放免五谷力胜税钱，万一上合圣意，有可施行，欲乞内出指挥，大意若曰祖宗旧法，本不收五谷力胜税钱，近乃著令许依例收税，是致商贾无利，有无不通，丰年则谷贱伤农，凶年则遂成饥馑，宜令今后不问有无旧

①② 张志烈，马德富，周裕锴．苏轼全集校注（第十三册文集四）［M］．石家庄：河北人民出版社，2011.

例，并不得收五谷力胜税钱，仍于课内除豁此一项。臣昧死以闻，无任战汗待罪之至。

首先，苏轼通过列举仁宗皇帝施行仁政受到百姓爱戴的实例，阐明皇帝得到民心的重要性。“去岁扈从南郊，亲见百姓父老，瞻望圣颜，欢呼鼓舞，或至感泣，皆云不意今日复见仁宗皇帝。”① 苏轼认为皇帝要拥有圣人之心，既要承袭祖宗的制度，又要考虑百姓的想法。

其次，苏轼进一步说明皇帝要想顺应民心就应该为百姓做实事，保护百姓和商人的利益，使其不受侵害。“臣闻应天以实不以文，动民以行不以言。”② 苏轼提出，应该用实际行动而不是文章来顺应天时，应该用实际行动而不是言辞来发动百姓。

最后，苏轼提出取消“五谷力胜税”，“臣所乞放免五谷力胜税钱，万一上合圣意，有可施行，欲乞内出指挥，大意若曰祖宗旧法，本不收五谷力胜税钱，近乃著令许依例收税，是致商贾无利，有无不通，丰年则谷贱伤农，凶年则遂成饥馑，宜令今后不问有无旧例，并不得收五谷力胜税钱，仍于课内除豁此一项。”③ 他请求免除五谷力胜税钱，按照祖宗旧法，本不收五谷力胜税钱，若不顺应历史发展规律颁布法令实施收税，将导致商人无利可图，在丰收的年份，若粮食价格降低，那么必然会伤害平民百姓的利益，如果遇到荒年，必然会导致饥荒。因此无论是否有惯例，都不能征收五谷力胜税钱，并且希望能够在各种类型的苛捐杂税内消除这项税钱的征收。

苏轼提出取消“五谷力胜税”的另一个原因，主要与赈灾救灾有关。他认为取消“五谷力胜税”不仅能够更好地开展赈灾救灾的工作，还能够降低自然灾害给商业领域带来的影响。“是以法不税五谷，使丰熟之乡，商贾争

---

①②③ 张志烈，马德富，周裕锴．苏轼全集校注（第十三册文集四）［M］．石家庄：河北人民出版社，2011.

粜，以起太贱之价；灾伤之地，舟车辐辏，以压太贵之直。自先王以来，未之有改也。”① 原本商人在发生饥荒之时，都会将粮食从庄稼丰收的地方运往缺少粮食的饥荒之地，以取得更多的收益，但是随着“五谷力胜税”的征收，商家的这一行为变得无利可图，甚至会亏本，所以会出现这样一种现象：饥荒之地的人们即使有钱也买不到粮食，但是丰收之地的粮食却积压卖不出去，供求极度不平衡，这样必然会影响到商业的发展。正因如此，苏轼在他的诗词中多次提出了建议和看法，并向太后②上书：

今陛下每遇灾伤，捐金帛，散仓廪，自元祐以来，盖所费数千万贯石，而饿殍流亡，不为少衰。只如去年浙西水灾，陛下使江西、湖北雇船运米以救苏、湖之民，盖百余万石。又计籴本水脚官钱不赀，而客船被差雇者，皆失业破产，无所告诉。与其官司费耗，为害如此，何似削去近日所立五谷力胜税钱一条，只行《天圣附令》免税指挥，则丰凶相济，农末皆利，纵有水旱，无大饥荒。虽目下稍失课利，而灾伤之地，不必尽烦陛下出捐钱谷，如近岁之多也。

以往每年都会花费大量的人力、财力、物力来救济灾民，以求满足灾民的基本生活需要，但是效果甚微。苏轼认为更好的方法是取消征收不合理的“五谷力胜税”，使得商人能够更加自由地促进粮食的流通，平衡商品的供求关系，减轻商人及平民百姓的压力。

三、改善漕运制度

漕运收入历来是朝廷的一项稳定的财政收入来源。漕运是利用水道转运粮

---

① 张志烈，马德富，周裕锴．苏轼全集校注（第十三册文集四）［M］．石家庄：河北人民出版社，2011.

② 指的是高滔滔太后，这次上书是元祐七年，高滔滔太后还在摄政。

食的一种运输方式，苏轼对于漕运制度也有自己的想法。他认为“均输法”和“过税”都是漕运带来的问题，因此提出了改善漕运制度的建议。

漕运与一定的自然地理环境相联系，过去的人们出行主要依靠水路，因物资运输费用相对于陆路运输低廉而广泛采用。而人们普遍生活在沿江、沿河两岸，主要原因是出行方便，生活方便。

北宋汴京地处华北平原西南部，汴河（包括楚州运河、江南运河）、广济河、蔡河都位于黄淮平原、长江中下游平原中，处于我国地形最为平坦的大陆上，地势坦荡，居于古代所称九州的中部地区，在这种地形构造上流经的河流水流平缓，通航性能好，即便是逆水行舟，因流速不快，阻力也相对要小得多。过去隋代由南至北的运河线在此交汇，而汉唐由东往西的漕河通道也经过这里，古代漕船满载数百万石漕粮逆流而上，水流平缓自然为漕船行驶提供了很大方便，在战略上的地理位置十分重要。因此，北宋漕运就形成了以都城汴京为中心的放射状漕运网络。可以说，汴京是“当四通五达之道”“背倚燕赵，面控江淮，泰岳镇其左，温洛萦其右，为天下奥区”。[①]

从中国封建社会后期唐、宋、元、明、清各朝都城的漕运（除明初曾短时间建都南京外）距离东南发达地区的路程看，只有北宋都城汴京漕运所经路程距离东南经济发达地区最短，同时，可以看到，北宋漕运所路经的几条主要漕河中，虽然东南汴河一路在楚、泗两州处河道有较大的弯道，但是楚、泗两州历来只是漕粮的转船地点，漕船实际上并不需要过此弯道。这对于古代以人力为主要动力的舟船来说，显得格外重要。

为适应漕运的需要，漕运技术在北宋时期也有较大的发展。在造船量增大的基础上，针对渭河较浅的河道特点，专门制造出浅底船。这种船的发明提升了商人长途运输的效率，使之前笨重的长途贩运变得不再困难。

但是在古代社会，漕运的价值不单单是促进社会经济发展，它的另一个作

---

① 顾祖禹．读史方舆纪要稿本［M］．上海：上海古籍出版社，1993.

用是作为交通工具。所以当古代漕运不运转的时候，整个国家的出行来往都会受到强烈的冲击，在宋代体现得最为明显。赵匡胤为了稳固自己的皇位，把整个国家最优秀的禁军都用来保卫皇宫，这样做自然可以震慑周边的地方势力，但其代价也不容忽视。超过十万的禁军在同一个地方驻守，为了供给这么一支庞大的队伍，当时的北宋必须四处收集地方的钱粮。即使朝廷可以通过一定的手段让各地缴纳钱粮，但是将其运输到中央也是一个大问题。这也促进了漕运制度的改革。范仲淹、王安石等人先后推动漕运制度进行改革。比如，范仲淹在庆历新政中就提出，在京城及周边地区，不仅要重视军事，以保卫京城，而且要“厚农桑”。他认为，京城及北方地区之所以“粟帛常贵”，主要的原因是京城及周边百姓和军队不重视农业生产，没有想过吃穿用度如何自给，而主要是向江南地区购买。据统计，北宋时期，京城汴京每年要买“籴米六百万石”，并且主要依靠江浙诸路，买价和运费每岁共用钱三百余万贯，造成朝廷和百姓的负担都很重。所以，他提出在京城及周边地区要通过大兴水利、开河筑堤堰陂塘、发展农业的办法来增加就地供给，减少漕运量，以节省运费。

漕运虽然具有很多价值，但也存在着一些问题，其中之一是“过税”。“过税”是运输过程对货物征收的税，而漕运是北宋时期货物运输的重要途径。朝廷在官道、航道上及渡口、城门等处设置了诸多税场征收“过税”，这种税收增加了百姓的实际负担，甚至有时“一物而征之至十数次者，谓之回税”，达到“民所赍物，无细大皆征之，使贫民愁怨”① 的程度，严重阻碍了货物流通。为了赚取一些生活费用，漕船上的工人在漕运的过程中顺便带回一些物品进行贩卖，用赚得的钱补贴家用。工人携带的货物不多，所以即使朝廷征税，数量也很少。但征税造成的不良影响却是深远的，最直接的是对水路运输的破坏。漕运工人收入减少后，他们开始偷盗和出售漕粮，导致朝廷损失急

① 李焘．续资治通鉴长编［M］．北京：中华书局，1992.

剧增加，所征收的税款都无法抵消损失的粮食。甚至因为税收的原因，增加了商人向京师漕运的成本，有的商人便不再向京师运输粮食，导致京师粮食市场萧条。

具有改革精神的苏轼，在了解这些实际情况后，建议尽快取消这项税收，并颁布允许漕船运输货物的规定。到达京师后，将货物一起检查并统一纳税，同时，主张允许漕运工人在完成漕运任务的前提下运送货物。这不仅便利了漕运的工人，使他们能够补贴家用，还保证了漕运的顺利开展，并使京城的贸易市场更加繁荣，在一定程度上促进了北宋商业的发展。

北宋实行过往船只携带货物征税的“过税”制度，虽然在一定程度上增加了国家的财政收入，但是却损害了商贾的利益。众所周知，商品只有流通，才能够促进商品交易更好地实现。而苏轼的主张正是满足了商人们的需求，希望国家不与商人争夺利益，也不要在商品流通的过程中给商人带来过多的税收负担，这样才能促进北宋商业更好地发展。

第四节 “安商利商”思想的评述

在处理农商关系方面，苏轼主张“农末皆利”，认为官府不应该对商人征收繁重的税收，反对食盐的专卖制度，还对王安石提出的“均输法”表示质疑。苏轼的“安商利商”思想与宋代商品经济的发展、士大夫对商业的新认识及其自身的成长生活环境密不可分。

在处理国家与商人之间的关系方面，苏轼明确反对国家和商人之间的利益竞争。他针对新法所出现的“聚敛”指责朝廷，认为朝廷与百姓、商人争夺利益的做法是不合理的。朝廷与商贾争利不仅不利于商贾，而且也会使政府税收收入受损，甚至会影响到整个商业的发展，使城市日益空荡、经济萧条。针对政府的“困商之政”，苏轼认为，国家应鼓励自由交易，并且要奖励纳税人，这对于民营企业的保护也具有积极的现实意义，而提出这样的观点，在封建士大夫中是并不多见的。

在促进商品流通方面，苏轼非常重视商品的流通，他认为商品的流通对经济社会发展、平抑物价，以及对百姓的生活稳定都有着深远的影响，同时商贾是否能够自由贸易也和商品的流通有着密切的关系。苏轼在论述浙中州县人口还不及二十年前一半的原因时，就指出："公私凋耗，终不少苏，盖是商贾物货，元未通行故也"。并从发展商品流通和商贾之利出发，竭力反对重征商税，主张对商贩施行轻税甚至免税的政策，以使农末俱利。[①] 以苏轼为代表的为商人发声的文人和官员在一定程度上促进了北宋社会的发展。

虽然苏轼在封建社会的禁锢中看到了商业的重要性及商业对国家的意义，并且为商人的处境和利益着想，提出了很多安商利商的政策。但该政策也有一定的局限性，主要体现在以下两个方面：

第一，虽然"农末皆利"的出发点是好的，但苏轼免去"五谷力胜税"的主张存在一定的问题，并不能达到"农末皆利"的预期。因为一味地强调减免税并不能够解决实际问题，一般百姓免税的确可以减少实际负担，但对于大商人免税，无疑会使得朝廷损失一个重要的税源，于国家税收收入不利。而"五谷力胜税"是比例税率，同一课税对象的不同纳税人负担相同，有利于税收征管，但有悖于税收量能负担原则，不能根据负担能力大小确定税收负担水平的原则，不能兼顾纳税人的实际负担能力与税收公平问题。或许可以设置不同的征税标准，对于大商人、小商贩和百姓采用不同的标准适量征税，在达到减轻农民实际负担的同时，兼顾税负公平，国家税收收入也会提升。此外，还可以促进商人与朝廷合作，形成互利共赢的局面。

第二，苏轼未充分考虑到北宋当时贫弱的国情。苏轼从小生长在商品经济繁荣的川渝地区，并且受传统儒家"藏富于民"思想的影响，他的商业思想

---

① 刘祎．苏轼伦理思想研究［D］．长沙：湖南师范大学，2010.

更多地偏向于维护商人的利益，认为商业的发展应该由商人自由交易，而极少从国家角度出发。榷盐制度的施行是为了增加财政收入，满足国家庞大的财政支出需求，确有其实际意义。但苏轼忽略了国家对于财政收入的迫切需求，也忽略了当时社会积贫积弱的现状，全盘否定榷盐制度，有一定的局限性。

第五章 苏轼的“廉取节用”思想

北宋是中国历史上有名的商品经济空前繁荣的朝代。但由于国家财政陷入困境、军队战斗力不足、官僚机构行政效率低下等，使北宋的贫弱积重难返。正如孟元老在《东京梦华录》[①] 所描述，“自由”市场的开放繁荣、人口爆炸式增长所体现出的经济高度发达，与封建专制制度、重文轻武、官僚团队臃肿等“三冗”所体现出的政治落后，形成了强烈且尖锐的时代矛盾，亟待解决。

植根于北宋积贫积弱的现实，苏轼提出“廉取节用”的理念，认为朝廷一方面对百姓要“廉取”，另一方面对自己要“节用”。苏轼“廉取”思想的主要观点是：官员应当加强自身道德修养，做到廉洁清正，“苟非吾之所有，虽一毫而莫取”；国家应当通过制度设计监管官员行为，以“廉”作为官员任免升迁的重要标准；筹集财政收入应当考虑征税的经济成本和政治成本，关注征税的经济效率和行政效率，减少征税带来的无谓损失。苏轼“节用”思想的主要观点是：全社会应当珍惜财富节约用度以富国民；国家应当削减“冗兵”、裁撤禁军以降花销。

北宋人口数量攀升很快，但经济的产出增长相对来说却十分有限，官吏的贪腐又使百姓生活更加困苦。官吏从百姓手中剥削掠夺了巨额钱款，可这些钱款到了皇帝和权贵手里，却没有做到“节用”，危害甚笃。贪污腐败侵吞挪用

① 孟元老. 东京梦华录［M］. 北京：中国纺织出版社，2020.

一些，“冗兵”“冗官”“冗费”浪费一些，奢靡享乐攀比消费一些，便消去大半，朝廷又需要收费、课税、敛财。苏轼的“廉取节用”思想正是在这种现实下提出来的，既深深植根于北宋积贫积弱的现实，又直接来源于其在杭州任通判的经历。熙宁四年（1071 年），苏轼自请离京，外放杭州任通判，在此期间，他经常借着巡访地方而离廨出游。他边走边看，首先入眼的是“竹篱茅屋趁溪斜，春入山村处处花。无象太平还有象，孤烟起处是人家”的山村美景。可是，难忘的淳朴自然的乡村美景中，是底层百姓挣扎谋生的日子，有的地方到了“老翁七十自腰镰，惭愧春山笋蕨甜。岂是闻韶解忘味，迩来三月食无盐”的境地。同时，苏轼也看到，地方官吏不仅强迫百姓向官府借贷，而且官府借贷的手续十分复杂。苏轼描述老百姓到城中申请借贷时的情景为“杖藜裹饭去匆匆，过眼青钱转手空。赢得儿童语音好，一年强半在城中”。意思是说，老百姓为了办理这些贷款手续，拄着拐杖、带着干粮，火急火燎地进城申请青苗贷款，在城里需要大半年的时间才能办好，耽误了生产劳动，唯一的好处是让孩子学会了城里人的口音。

第一节 “廉取节用”思想的形成基础

高速增长的人口数量和迟缓扩张的土地面积之间的矛盾，是百姓生活负担加重的根本原因，也是“廉取节用”思想产生的根源。北宋时期，有限的耕地难以满足人口爆炸式增长带来的需求，百姓生活负担沉重。通过比较唐宋两朝可以看出，唐朝最盛之时人口超过 10 万的城市只有 17 座，而北宋末年人口超过 10 万以上的城市已然发展到 52 座。从人口数量来看，唐朝人口最多时只有 5000 多万，但宋朝人口最多时达到了 1.26 亿，增长了近 2.5 倍。而与之相比，肩负着全国食物来源重任的可耕用土地，却跟不上人口激增的步伐。宋初耕地约 310 万余顷，宋真宗末期也不过 520 万余顷，同唐朝相比仅增长了近70%。耕地面积与人口数量的不匹配，反映出北宋时期有限的环境承载力难以满足全部人口的正常生活需求，在某些人口密度大的地区，实际人口已经远远超过人口合理容量，有限的产出被偌大的人口分割，收入微薄的底层百姓在沉重的生活负担下过着“烟雨濛濛鸡犬声，有生何处不安生。但令黄犊无人佩，布谷何劳也劝耕”的生活，纵使早出晚归、精耕细作，依然无法补贴家用。

经济产出总量有限和皇帝权贵无度挥霍之间的矛盾，是“廉取节用”思想产生的现实原因。正如前文所述，宋朝的经济产出相对于庞大的人口总数本就有限，扩大赋敛又使阶级分化，钱财集中到权贵手中，劳动人民更加贫困。税收应“取之于民，用之于民”，而在宋朝，利用国家政治权力得来的税收收入却未能像朝廷主张的那样“理财有法”，用于国家建设上。宋朝长期的疑难杂症“三冗”已经支用了大量的财政，贪污之风盛行使无数金银财宝不知去向，奢靡享乐流行更是巨大的销金窟，还有条目不明的零头支出不胜枚举。不良的风气带来的不仅仅是资源的浪费与枯竭，更为国家埋下国库亏空、积贫积弱的隐患。可以说，北宋本身积贫积弱的问题有很大一部分是皇帝、权贵不知节制、无度挥霍导致的。

繁重的赋税与微薄的收入使百姓生活的幸福指数陷入低谷，外有敌国外患，国内民不聊生，内外局势的紧张让社会不稳定性激增。面对强烈的社会矛盾，苏轼在多地进行了一系列的探索实践后，逐渐形成了“廉取节用”的税收理念，其对今日的国家财政税收政策都有着不可忽视的借鉴意义。

人们常说苏轼是一个乐天派，不论是顺境还是逆境，总是乐观、豁达，这缘于他很正直。因为正直而无所顾忌，所以快乐；因为正直而没有贪腐，所以快乐。这一点，在他的诗中就明确写到“一点浩然气，千里快哉风”。所以说，苏轼“廉取”思想的形成与其内心常存的浩然正气是分不开的。

第二节　“廉取节用”思想的具体实践

一、“廉取”思想

“廉取”，具体而言体现在两个层面：一方面，要减少征税过程中的贪污腐败现象，保持官员的廉洁正直；另一方面，要尽量地减少苛捐杂税，同时考虑征税的经济效率和行政效率，尽量不给百姓增添过重的生活负担。实际上，苏轼提出“廉取”思想的主要目的，是为了让广大老百姓能够休养生息，逐渐富裕起来。

要做到“廉取”减轻百姓的负担，首先得治理贪污腐败的乱象。苏轼不仅严格要求自己“苟非吾之所有，虽一毫而莫取”，同时也给皇帝上书，针对官员贪污腐败的问题提出了自己的见解。

1. 非我所有，一毫莫取

在古代的诗词创作中，诗人通常会将“廉”与“泉”联系在一起，泉清水净依靠自洁，为人正直依靠清廉。“泉”指的是“白水”，人们把从高山岩石里自然涌流出来的白水叫作“泉”，认为白水的本质是自然的，是皎胧洁白的。苏轼一生游历，爱好名泉。在凤翔南游润德泉，在杭州游虎跑泉、安平泉，在安徽密州安阳游绩溪卢山三泉、雩泉，在安徽黄州游兰溪清泉、西山菩萨泉，在安徽庐山游金山寺菩萨泉，在江西虔州游廉泉，在广东惠州游惠山汤泉、回归度岭泉、小鹿鸣泉。每次户外游历苏轼一定会探访名泉，还曾多次创作出与“泉”相关的诗词作品。与其说苏轼诗词中描绘的是各类高山名泉的澄澈晶莹和纵情涌流的高雅美态，倒不如说其诗词中赞颂的是历来古圣先贤的高风绝尘和天下百姓的淳朴自然。

熙宁七年（1074 年），苏轼三十九岁，第一次外任密州知府，以清泉自况，就写过《雩泉记》文和卢山《三泉》诗。苏轼写下“皎皎岩下泉，无人还自洁。不用比三星，清光同一月”①，以此显示自己的精神世界得到净化、思想得到释放、愈发超然脱俗，会始终保持“自洁”品行的心志。其关键点在于他实现了人与自然的和谐、人与社会的和谐、人类自身心灵的和谐，因而在密州达到一种身心皆空、物我相忘的超然境界。

即使在被贬黄州的时候，苏轼仍然坚守自律。比如，他在《赤壁赋》就提出清廉要从自己做起，不要为自身私利而无度占有。

客亦知夫水与月乎？逝者如斯，而未尝往也。盈虚者如彼，而卒莫消长也。盖将自其变者而观之，则天地曾不能以一瞬。自其不变者而观之，则物与我皆无尽也，而又何羡乎？且夫天地之间，物各有主。苟非吾之所有，虽一毫而莫取。惟江上之清风，与山间之明月，耳得之而为声，目遇之而成色。取之无禁，用之不竭。是造物者之无尽藏也，而吾与子之所共适。

客喜而笑，洗盏更酌。肴核既尽，杯盘狼藉。相与枕藉乎舟中，不知东方之既白。②

苏轼在这段话中，以自问自答的方式，提出了一个非常重要的观点：“苟非吾之所有，虽一毫而莫取。”这个观点始终伴他一生。并且，这个观点和陈毅元帅提出来的“手莫伸，伸手必被捉”如出一辙。两人都明确地阐述了只要不是自己应该拥有的东西，就要严格做到一丝一毫也不要去占有求取，随时随地加强自我约束，保持清廉从政的本色。

绍圣元年秋，苏轼五十九岁，被贬至惠州，途经虔州，慕名前去拜访当地的学士名贤和隐士——阳孝本。他们经常攀登嵩山郁独孤台，游祥符宫，观

① 李锡炎．苏轼从政为官的人格文化及其时代价值［J］．中共四川省委省级机关党校学报，2013（3）．

② 杨秀梅．《赤壁赋》中作者的悲喜观［J］．语文天地，2021（7）．

廉泉，夜话并唱歌写诗，言志趣并抒情：“蝎来廉泉上，捋须看鬓眉。”面对廉泉，苏轼整理仪容，昭示着他反对“贪取滥用”的清廉决心，也折射出他“廉取节用”的坚定理念。

2. 功废于贪，行成于廉

苏轼不仅自己在思想上保持正直清廉，同时，他也向皇帝说明为官廉洁的必要性，建议官员要行事廉洁，贪婪之心不可有。在苏轼有关廉政的理念中，他强调应该建立一个官员的廉政考核体系，并在《六事廉为本赋》中写道：

事有六者，本归一焉。各以廉而为首，盖尚德以求全。官继条分，虽等差而立制；吏功旌别，皆清慎以居先。

是故分为六事，悉本廉而作程；用启庶官，俾厉节而为政。

第其课兮，事区别矣；举其要兮，廉一贯之。

乃知功废于贪，行成于廉。苟务渎货，都忘属厌。若是则善与能者为汗而为滥，恭且正者为诐而为憸。法焉不能守节，辨焉不能明贤。故圣人恶彼败官，虽百能而莫赎；上兹洁行，在六计以相兼。此盖周公差次之，小宰分掌者。考课则以是黜陟，大比则以为用舍。

苏轼的这篇散文以副标题“先圣之贵廉也如此”为中心论题，以周代任命官员的六事为重要的理论切入点，对“廉”这一政策理念进行了具体的理论阐述和深入思考，提出了“功废于贪，行成于廉”的治国之策。六事——“一曰廉善，二曰文明廉能，三曰廉敬，四曰廉正，五曰文明廉法，六曰文明廉辨”[①]。将所有的六事归于一个理论，就是要求将“廉”这个关键字始终放在第一位，严格考查一个官吏是否具备担任官职所必需的六项基本素质

① 饶晓明，饶学刚．泉清靠自洁，人正靠自廉：苏轼的廉政思想与实践扫描［J］．黄冈职业技术学院学报，2012，14（1）．

和应有的政治表现。也就是说，在所有官员所应该具备的素质中，廉洁是根本；只有做到了廉洁这一根本要求，官吏的六项基本综合业务素质才会更加完备。

“考课则以是黜陟，大比则以为用舍。”在这里，苏轼提出了对于建立官员的廉政工作绩效考核体系的思路和设想，并且根据绩效考核的方式和结果进行升迁降黜。这实际上就是把官员绩效考核体系和廉政建设紧密结合起来，这一点在现在仍然有借鉴意义。

在惩治贪腐方面，苏轼撰写了《策别·课百官一》，认为约定俗成的道德，对别有用心之辈约束力有限，不能仅靠道德来规范政府官员，首要的问题应当是“厉法禁”，即要做到严格执法，用法律的力量来规范和约束官员，并依法对违法行为进行处理，然后才能实现“抑侥幸”“决壅蔽”“专任使”“无责难”“无沮善”。这实际上是从国家法律规范的视角，提出了加强廉政建设的思路。

苏轼深切反对“刑不上大夫”的言论，并通过假设的论证方式，指出官吏行为需有国家监督的必要性：“今夫大吏之为不善，非特簿书米盐出入之间也，其位愈尊，则其所害愈大；其权愈重，则其下愈不敢言。幸而有不畏强御之士，出力而排之，又幸而不为上下之所抑，以遂成其罪，则其官之所减者，至于罚金，盖无几矣。”

在封建社会，如果位高权重的官员心存不善、意图作恶，却又没有原则约束、制度规范，那么即使有人想要监督，在复杂的官官相护及隐秘的利益结盟下恐怕也是有心无力，所以廉洁清正的社会风气应有国家制度的规范监督做保障。

二、“廉取”实践

为了达到“廉取”的目的，不仅要治理贪污腐败的乱象，还需要考虑筹集财政收入的经济成本和政治成本，减轻民众的负担。苏轼对于部分增加财政收入的政策，如提高盐税、调整榷盐制度等提出了自己的意见和建议。主张从政治和经济两方面计算征税成本，列举了征税的政治成本及经济成本过大带来的危害，希望能够降低征税成本，减免一些非必要的、与民争利的税收，从而达到“廉取”的效果。

盐铁官营是中国封建时代政府在财政领域的一大关键措施，即国家对于民众所需要的核心资源进行垄断经营，将盐、铁等战略性资源进行专卖以获取更多的财政收入、限制工商业发展，这是历代农耕王朝保证财政收入的不二法门。宋代延续了食盐专营制度，但在实施的辖区范围上有所例外，河北、京东两路并未施行，是当时的“特区”。两地边防前线、战略要地的地理位置，战乱频仍、动荡不安的现实处境，使得资源难以有效地控制。熙丰改革时期，新党改革者谋求增加国家的财政收入，无法容忍两个“特区”的存在。他们建议：一是增加盐课，二是建议官营垄断。而苏轼则反对这种做法，因为在河北、京东两路增加盐税和官府垄断食盐交易不仅对增加国库收入作用甚微，而且征收成本高昂，不仅面临高昂的经济成本和政治成本，而且效率低下。苏轼在给皇帝的《论河北京东盗贼状》中明确说道：“然臣勘会近年盐课日增，元本两路祖额三十三万二千余贯，至熙宁六年，增至四十九万九千余贯，七年亦至四十三万五千余贯”，其结果是“刑法日峻，告捕日繁，是致小民愈难兴贩”。苏轼认为国家征税不能只考虑政府所筹集的财政收入，还要考虑为筹集收入而付出的各种成本，考虑征税的经济效率和行政效率。他指出，盐课日增的后果是刑法加重、处罚频繁，百姓越来越难以贩卖交易，这严重影响了征收税款的经济基础，反而不利于朝廷收入的筹集。他分别从历史、现实、风土民情、财政收支等方面进行分析，得出不应该增加河北、京东的盐税，更不应该垄断两地食盐售卖的结论。

从历史上看，朝廷垄断盐业产销，在河北、京东两路没有先例。根据史书记载，河北和京东两路自古不实行盐榷政策，而突然施行会很困难，显然，苏轼对于这种只追求政府收入而不考虑征税成本的做法是不赞成的。他认为，如果现在轻易地在两路施行榷盐政策，那么等到国库空虚、国用不足的时候，掌管的部门便会习以为常，仅仅通过半纸文书便可以决定将盐高价卖出，这对于国家经济是很大的不稳定因素。在这里，苏轼已考虑到了在河北、京东两路实施盐榷的执行成本、遵从成本，以及潜在的社会成本。

从当时现实情况来看，无论是增加对盐的课税，还是政府垄断食盐的产销，都将影响百姓生存，甚至诱发犯罪。密州正值“凶岁”，即正值饥荒，增加对盐业的课税，百姓更加难以生存，将会诱发犯罪，破坏社会的稳定。如今盐业课税繁重，百姓如果按照规定纳税只能获得经商盈利被征税后的微小收益，反之如果偷税漏税却会获得更多，这扭曲了百姓的行为。售卖食盐的百姓想要务农，但是又正值饥荒之年，如果他们不去偷盗，就只能忍受饥饿，这又进一步扭曲了百姓的行为。所以到熙宁七年，苛捐杂税越发得繁重，盗贼也越多。在这里，苏轼考虑到了在河北、京东两路实施盐榷会使犯罪率升高的隐形成本。

从风土民情上看，京东、河北地区民风强悍，如果政府垄断食盐的产销，可能引起暴动，影响统治的根基。苏轼熟读历史古籍，具有强烈的历史责任感，他在《论河北京东盗贼状》中阐释了河北的重要地位，并从历史的角度分析两地的风土民情，希望统治者不要因为财政困难而在河北施行盐榷政策，这样反而会因小失大，动摇统治的根基。在这里，苏轼其实关注到了征税的政治成本。

从财政收支上看，增加盐税得不偿失。苏轼在《论河北京东盗贼状》中写道：“五六年来，课利日增，盗贼日众。臣勘会密州盐税，去年一年，比祖额增二万贯，却支捉贼赏钱一万一千余贯，其余未获贼人尚多，以此较之，利害得失，断可见矣。”苏轼观察到增加盐税后，密州一年的盐税比之前只多了两万贯，但盗贼却日益增多，捉拿盗贼的支出多了一万一千多贯，结余不到九千贯。九千贯在当时不过是一品官员两三年的俸禄，由此可见增加盐税并不是很好的筹集收入的手段，高昂的征税成本造成了不小的无谓损失，使得社会整体效用下降，反而会带来许多弊端。另外，苏轼主张对贩盐小商户给予优惠政策。“若特放三百斤以下盐税半年，则两路之民，人人受赐，贫民有衣食之路，富民无盗贼之忧，其利岂可胜言哉!”苏轼主张，对贩盐不超过 300 公斤的小盐商免税。

“廉取”思想并不仅仅是为了民生，事实上也如同苏轼所言有利于国家。征税过程中耗费的大量的人力物力，不应在计算成本收入时被排除在外。同时，某些特定税收政策的变化对地区生产、行业发展有着难以忽视的影响。而在古代，大部分百姓的生活来源并不稳定，因沉重赋税而导致家破人亡、反抗暴动的情况更是屡见不鲜。税收问题从来都不仅仅是一个单纯的经济学问题，相伴而生的往往还有政治与社会问题，影响着国家或者朝代的稳定。也许并不是只有苏轼看到了税收背后隐藏的政治经济关系，但苏轼能跳出眼前利益桎梏、发现问题并提出解决方案，在当时实属难能可贵。

三、“节用”思想

苏轼一生非常重视“节用”，就连家庭开支都要计划周全，绝不能超支，否则“生活无落”。苏轼认为，百姓的困苦，除了天灾以外，主要是朝廷开支过大，无限地向百姓攫取。控制了朝廷的支出，就可以减轻百姓的困苦。因此，苏轼提出了“节用”的思想。所谓“节用”，主要体现在两个方面：一方面，要在经济上尽量降低一些不必要的开支，节约资源；另一方面，要提高资源使用的效率，尽可能使有限的资源发挥最大的用处，提高其经济效益。

苏轼有关“节用”的主张，主要体现在其《思治论》《策别厚货财》中，在苏轼的“节用”理念指导下，他提出了以下两点具体做法：一是节用要从上而下，朝廷从皇家宗亲开始就要带头节省开支，尤其要减少朝廷的节庆和祭祀活动；二是要节省军费开支和行政开支，重点是裁撤“冗兵”“冗官”。苏轼认为，发展国家财政应该减少不必要的扩充军队的行为，不应该违反法定农时，不应与当地人争利，应当减轻或者废除各项巧立名目的苛捐杂税。并且，苏轼还明确表示，在增充国库方面，不赞成以王安石为代表的变法派立足于“兴利”“开源”，认为那样会增加老百姓的税收负担，虽然最终国库丰增、国力增强，但老百姓生活更加贫困，他们创造的财富被政府及各级官吏占有或掠夺，难以真正改善百姓的生活困境。

1. 量入为出，节用丰国

苏轼一直主张量入为出，珍惜财富。量入为出的意思是，国家根据收入的多少决定开销。最早明确提出量入为出原则的是在两千多年前的儒家经典《礼记·王制》中：“冢宰制国用，必于岁之杪，五谷皆入然后制国用。用地小大，视年之丰秏。以三十年之通制国用，量入以为出，祭用数之仂。”① 苏轼继承并发展了这种理念，提出“广求以丰国，不如节用而国自丰”，国家想要达到富足充裕，与其广泛地从百姓手中索取，不如量入为出、节约使用资源。他认为，若不做到量入为出、合理计划、节约资源将会有显著的危害。苏轼为实现国家的长治久安，专门撰写了关于国家财政和军备的五篇策论，其中《省费用》明确提出：去掉无益于国、无益于民的费用，同时少取于民。

夫为国有三计：有万世之计，有一时之计，有不终月之计。古者三年耕必有一年之蓄，以三十年之通，则可以九年无饥也。岁之所入，足用而有余。是以九年之蓄，常间而无用。卒有水旱之变，盗贼之忧，则官可以自办而民不知。若此者，天不能使之灾，地不能使之贫，四夷盗贼不能使之困，此万世之计也。而其不能者，一岁之入，才足以为一岁之出，天下之产，仅足以供天下之用，其平居虽不至于虐取其民，而有急则不免于厚赋。故其国可静而不可动，可逸而不可劳，此亦一时之计也。至于最下而无谋者，量出以为入，用之

① 戴圣．礼记［M］．北京：西苑出版社，2016.

不给，则取之益多。天下晏然无大患难，而尽用衰世苟且之法，不知有急则将何以加之，此所谓不终月之计也。

在此，苏轼指出了缺乏长远计划、肆意浪费资源的危害，即无法在灾年稳定经济、保障社会。苏轼认为，治国有三种政策：长久的计划、短期的计划和只顾眼前的计划。长久的计划是指三年耕种就有一年的余粮，每年的收成都能在满足当年的需求之上有所储存，以备不时之需，这样即使在耕种环境恶劣的情况下也不至于没有粮食供应。短期的计划是指在长久之计上降低要求，每年的收入只要保证满足当年的支出就行，这样平时虽然不会过分索取百姓，但面对突发状况就不得不向百姓征收沉重的赋税。而最低层次的计策就是只顾眼前的计划，这是指只顾眼前的问题，采用以前积攒的资源来弥补现在需求的空缺，天下太平的时候没有太大的灾难，但资源会逐渐枯竭最终殆尽。可是，当前社会上已经出现了只顾眼前利益、资源能取尽取的现象，令人担忧：

今天下之利，莫不尽取；山陵林麓，莫不有禁。关有征，市有租，盐铁有榷；酒有课，茶有算，则凡衰世苟且之法，莫不尽用矣。

然天下之人，方且穷思竭虑，以广求利之门。且人而不思，则以为费用不可复省，使天下而无盐铁酒茗之税，将不为国乎？臣有以知其不然也。天下之费，固有去之甚易而无损，存之甚难而无益者矣。臣不能尽知，请举其所闻，而其余可以类求焉。夫无益之费，名重而实轻，以不急之实，而被之以莫大之名，是以疑而不敢去。

臣以为凡若此者，日求而去之，自毫厘以往，莫不有益，惟无轻其毫厘而积之，则天下庶乎少息也。①

① 曾枣庄．苏东坡全集［M］．北京：中华书局，2021.

现在人们挖空心思去追逐利益，只顾索取不重积累，而不去想如何节省资源、开支。苏轼建议削减那些几无裨益却名头很大的费用，留存一些看起来微不足道，长年累月却大有裨益的支出。

为了在全社会形成节约资源、珍惜财富的良好风气，苏轼提出仁君应该在节约用度方面为百姓做出表率，人心自然向之。苏轼在《议学校贡举状》写道："夫欲兴德行，在于君人者修身以格物，审好恶以表俗。孟子所谓'君仁莫不仁，君义莫不义'。"① 这样做不仅仅是减少开支，珍惜财富，更重要的是形成勤俭节约的社会风气，有利于形成良好的道德秩序。

苏轼的"节用"思想，可以说是他税收思想的重点之一，他极力反对朝廷诸官、皇亲国戚铺张浪费、贪图享乐、流于形式或不做考究便大兴土木，希望人们能遵循"节用之法"，从而抑制侈靡浪费，化解生产与需求之间的矛盾。在积贫积弱的北宋，苏轼主张不论平民百姓还是名仕大员，无论衣食住行还是国家建设，人人皆要节用尚俭，而这一主张具有重要积极意义。

2. 无事而食，兵不可聚

"冗军"问题是宋朝饱受诟病的"三冗"问题之一，占用很大一笔财政支出。北宋战争不断，军队人数也在不断增加，加之率军之人多数是文官，造成将不专兵，军纪涣散，号令不明，战斗力差，经常吃败仗，不仅白白耗费了大量的财政资金，而且还得纳币求和。苏轼认为这种情况十分不合理，应当坚持"兵贵精而不在多"，如果军队不强素质，不专兵法，不打胜仗，那么就不应征聚过多士兵。

其实，"冗军"问题有其历史原因。北宋建立之初，虽然名义上实现了国家的统一，但国家不得不派出禁军镇守地方，和地方的军队实行二元管制，禁军供给全部由中央财政支付，而地方军队由地方支付，且实行三年轮换防地。后来，国家稳定，地方安定，但这种军队管理体制却一直沿袭下来，其弊端也

① 曾枣庄．苏东坡全集［M］．北京：中华书局，2021.

日益凸显。一些屯驻于内地的地方禁军已失去了应有的作用，成了吃闲饭的摆设，给国家财政造成巨大负担，地方武装由于和禁军待遇相比差距太远，让他们觉得自己不受重视，而国家又疏于管理和训练，导致禁军战斗力低下，军队实力孱弱。苏轼针对这种情况提出了裁撤禁军，把原本拨付禁军的供给划拨地方军队，以使他们感恩怀德，加强训练，担负起原本属于禁军的戍守之责。这样即可以减轻国家繁重的财政负担，又可以强军卫国。

苏轼在《进策·策略》中写道：

夫兵无事而食，则不可使聚，聚则不可使无事而食。今天下之兵，不耕而聚于京畿三辅者，以数十万计，皆仰给于县官。有汉、唐之患，而无汉、唐之利，择其偏而兼用之，是以兼受其弊而莫之分也。天下之财，近自淮甸，而远至于吴、蜀，凡舟车所至，人力所及，莫不尽取以归于京师。晏然无事，而赋敛之厚，至于不可复加，而三司之用，犹苦其不给。其弊皆起于不耕之兵聚于内，而食四方之贡赋。费莫大于养兵，养兵之费，莫大于征行。臣愚以为郡县之土兵，可以渐训而阴夺其权，则禁兵可以渐省而无用。今之土兵，所以钝弊劣弱而不振者，彼见郡县皆有禁兵，而待之异等，是以自弃于贱隶役夫之间，而将吏亦莫之训也。苟禁兵可以渐省，而以其资粮益优郡县之土[①]兵，则彼固已欢欣踊跃出于意外，戴上之恩而愿效其力，又何遽不如禁兵耶？夫土兵日以多，禁兵日以少，天子扈从捍城之外，无所复用。如此，则内无屯聚仰给之费，而外无迁徙供亿之劳，费之省者，又已过半矣。

整治“冗兵”问题，苏轼指出征兵不能吃空饷不干活，要征兵就要让他们发挥作用。天下有数十万的兵力聚集在国都及其管辖的地方却不进行耕种，全靠从地方征税来养活。养兵消耗大量的费用，而养兵中支出最大的是行军的

① 曾枣庄．苏东坡全集［M］．北京：中华书局，2021.

军粮。苏轼认为，对于令郡县将各自的兵力，可以改为由郡县掌握兵权，切实加以训练，增强其军事素质和本领，让地方士兵来代替禁军所承担的任务，这样既可以减少京城来的禁军数量，又可以节省京城禁军三年一迁（换防）所产生的巨大花费，那么“则内无屯聚仰给之费，而外无迁徙供亿之劳，费之省者，又已过半矣”。

苏轼这种“节用”以加强国家财力的主张是可取的，但是采取以上措施，无法从根本上改变宋军的素质。北宋军事实力与其经济、文化和科技实力严重不匹配的原因是复杂的，裁减“冗兵”也并不能真正做到强兵。因此，从解决宋朝内忧外患的角度来看，仅是裁兵作用有限。

四、“节用”实践

1. 身体力行，用之有节

苏轼提出“节用”的理念并不是不切实际、浮于表面，而是身体力行。他认为只有从自身做起，勤俭节约，他的主张才会让别人信服，事实上苏轼也是这么做的。

公元1080年，苏轼被贬到了湖北黄州这个偏僻之地时，生活窘迫，为了尽快使家庭度过经济困境，他不仅辞退了身边所有的仆人，而且自身节俭生活。他还制订出了一套特殊的计划开支管理办法：在每月领取奉禄后，就把4500文钱分成30份，每份用一根绳子串着挂在自己的房梁上，每日使用一包，允许有剩余但不允许超出预算。如果有剩余，则另外用一个竹筒保存，以应对意外的生活开支。仅节流还远远不够，工作之余，他还带领全家人一起自力更生，脱下传统的衣服和长衫，换上简装短袖，在城门外的荒地耕耘种田。这样，从无到有，苏轼在一段时间后盖成了几间小屋，也就是“东坡雪堂”，他也有了“东坡居士”的雅号。他通过“取之有度，用之有节”① 度过了困

① 司马光，等. 资治通鉴［M］. 北京：高等教育出版社，2010.

境，“君子以俭德辟难”正是对苏轼最准确的描述。

一般来说，宋朝的官员俸禄都是十分丰厚的，但是苏轼仕途坎坷，俸禄甚微，生活十分清贫。苏轼在《后杞菊赋》曾经提到“而斋厨索然，不堪其忧。日与通守刘君廷式循古城废圃求杞菊食之”[1]。由于当地灾情严峻，生活困苦，他与当时的通判只能采摘杞菊作为食物，以此来充饥，处于“斋厨索然”的贫苦境地。在他描写密州文人日常生活的一篇文章中，三次提及“斋厨索然”，可以窥见其任官的艰辛和清贫。这到底是为什么呢？苏轼在《次韵刘贡父李公择见寄二首·其二》中表明心迹：“何人劝我此间来，弦管生衣甑有埃。绿蚁濡唇无百斛，蝗虫扑面已三回。磨刀入谷追穷寇，洒涕循城拾弃孩。”[2] 这是因为苏轼心里所关心的是百姓是否能够吃饱，是否流离失所，他担心的从来都不是自己。苏轼坦诚，他写《后杞菊赋》是对自己的清贫解嘲，他最大的心愿就是朝廷能够看清楚现今发展的问题，改革政治中的弊端，减轻百姓的生活压力。

后来，他复任朝廷中的高官，仍然十分注重节省钱财，不追求奢华。据说，苏轼对自己的要求是每顿只能有一饭一菜，有客人拜访时，也只能额外增加两道菜，不允许铺张浪费。一次，苏轼与一位老友久别重逢，好友邀请他一起用餐，他特意叮嘱好友不用大操大办，否则他就拒绝用餐。几天后，苏轼应邀去好友家用餐，看见好友家中餐宴非常丰盛，他委婉拒绝用餐，与友人告别后离开了。苏轼离开后，他的好友感慨说，当年苏轼被贬时生活很节俭，没想到他如今复任高官后，还这么节俭。

2. 务从俭约，割爱为民

苏轼不仅自己做到了克勤克俭，还多次上书奏请朝廷节省费用，先后针对汴州明月观花灯会、修八丈沟及扬州万花会提出了自己的意见。

---

① 曾枣庄．苏东坡全集［M］．北京：中华书局，2021.

② 郑学檬．中国赋役制度史［M］．厦门：厦门大学出版社，1994.

一是请求停办汴州明月观花灯会。熙宁四年，北宋王朝积贫、累弱，“冗吏”“冗兵”“冗费”沉重，苏轼提出“务以俭约”“割爱为民”，要求停办汴州明月观花灯会。自经北宋熙宁饥疫聚敛之灾①，家家户户大多因市易而欠债，几乎人人都欠金钱盐酒之类的债，田宅在外卖官，房廊房屋倾倒，商人生意惨淡，市井萧条。举办灯会劳民伤财，但是朝廷仍然下令每年举办一次。如果仅仅是为了赏灯，也有可取之处，但是所用之灯是百姓制作而成，百姓希望能够以此来维持生计或者抵偿债务，但是朝廷下令以低价收购百姓制作的灯，使得百姓连制作灯的成本都难以收回，更不用提用灯来减轻他们生存的压力，所以每一次的灯会，不仅花费了大量的财政资金，还会使得百姓的生活更加艰苦。苏轼看在眼里，急在心里，并冒着杀身之祸为民请命，先上《谏买浙灯状》，后上《上神宗皇帝书》，力陈举办观花灯会的一些错误做法，直言不讳：“人主之所恃者，人心而已。人心之于人主也，如木之有根，如灯之有膏，如鱼之有水，如农夫之有田，如商贾之有财。木无根则槁，灯无膏则灭，鱼无水则死，农无田则饥，商贾无财则贫，人主失人心则亡，此理之必然，不可逭之灾也。其为可畏，从古以然。”② 精诚所至，金石为开，神宗皇帝终于采纳了苏轼的谏言，停止举办灯会。

二是请求停修八丈沟。八丈沟是古代的一条人工运河。宋元丰年中，京城开封水患很多，为了尽量避免出现洪涝灾害，朝廷一些官员计划把开封的大水导入惠民河，引向陈州，再把陈州的大水通过开挖八丈沟引向颍州，汇入淮河。此项工程已于元祐四年开工建设。元祐六年八月，苏轼上任颍州知州后，十分关心这一项工程的实施情况，他仔细考察了颍州的实际情况，对此次建设工程产生了怀疑。为证实自己的怀疑，苏轼急派史昱等精干官僚，对自蔡口到淮上规定的计划性开河区域进行实地测绘。经过两个多月的严格测量，苏轼发现，淮河的水位要比计划新开沟的地域深度高出一丈左右。如果挖通八丈沟，

①② 曾枣庄．苏东坡全集［M］．北京：中华书局，2021.

大汛时不仅起不到排水作用，反而会遭到淮河逆灌，颍州将面临八丈沟上下游洪水的夹击，“横流为害，下冒田庐，上逼城廓”“禾稼无遗类矣”，不仅颍州城难保，而且会出现“颍人代陈受患”。更何况，开挖八丈沟需要“起夫十八万人，用钱米三十七万贯石，开沟之后，又别夺万寿等三县农民产业，不知凡几千百顷”[①] 的巨大花费。于是，苏轼在元祐六年九月、十月，先后撰写《申省论八丈沟利害》（之一）、《申省论八丈沟利害》（之二）、《奏论八丈沟不可开状》，连续三次上书朝廷，详尽阐述开挖八丈沟弊大于利的原因。在苏轼力争下，朝廷终于同意停止八丈沟的开挖，颍州和颍上百姓也避免了因规划错误而导致劳民伤财的大灾大难，迄今为止阜阳的人民群众仍然还在怀念苏轼。

三是停罢万花会。自古以来，洛阳盛产牡丹，而扬州盛产的芍药远近闻名。苏轼刚来扬州任职之时，是扬州各地芍药开放的季节。苏轼看到芍药开得十分娇艳美丽，还写下了《浣溪沙·扬州赏芍药樱桃》来赞扬芍药的美丽。但是，苏轼在观花赏花的同时，也发现了前任知州蔡延庆于哲宗元祐四年八月任扬州知州的第二年，就模仿洛阳牡丹花会，每年都要“用花十万余枝”举办奢华的芍药会。同时，苏轼还发现，举办万花会实则劳民伤财，在办会的过程中，一些官员和奸商每年利用这次机会敲诈勒索百姓的私人钱财，使得百姓怨声载道，痛苦不堪。于是向朝廷上书《以乐害民》，指出：“扬州芍药为天下冠，蔡延庆为守，始作万花会，用花十余万枝。既残诸园，又吏因缘为奸，民大病之。予始至，问民疾苦，遂首罢之。万花会本洛阳故事，而人效之，以一笑乐为穷民之害。意洛阳之会，亦必为民害也，会当有罢之者。钱惟演为洛守，始置驿贡花，识者鄙之。此宫妾爱君之意也。蔡君谟始加法造小团茶贡之。”[②] 苏轼认为，这万花会早无“与民同乐”的性质，其实最终目的是搜刮民脂民膏。作为百姓的父母官，本就是一心为民之人的苏轼，看见百姓的生活如此艰辛，所以他宁愿罢了万花会，也不做劳民伤财的事情。

---

①② 曾枣庄．苏东坡全集［M］．北京：中华书局，2021.

第三节 “廉取节用”思想的评述

苏轼“廉取节用”的思想，结合了北宋当时积贫积弱、“三冗”严重、阶级差异巨大等社会现实，从道德、社会风气、国家制度三个层面，对当时筹取与使用税收收入方面存在的问题提出了自己的见解。他主张“廉取”，提出“非我所有，一毫莫取”，保持廉明清正的自身道德水准；提出“功废于贪，行成于廉”，加强廉政建设的国家制度设计。他主张“节用”，提出“珍惜财富，节用丰国”，形成珍惜财富的社会良好风气；提出“无事而食，兵不可聚”，批评“冗兵”支出的财政沉疴旧疾。当然，“廉取”，并不是一味地少征税收，而是在能满足国家与社会合理需求的基础上进行征税，不盲目、大肆征收。“节用”，也并不是抑制国家发展的需求、遏制社会进步，而是在反对贪污腐败、奢靡浪费的基础上将税收用到国家建设的刀刃上。

从繁华京城到边界儋州，置身“江湖”的苏轼，见识人生百态，更能体会到豪取滥用的赋税制度下世态炎凉。因此，苏轼的主张或思想多从生活琐事或者个人经历所见所感出发，贴合实际，深入浅出、颇有洞见。并且，苏轼对征税用税过程中出现的官吏巧取豪夺、权贵无度挥霍的现象提出了质疑，阐明了“廉取节用”的解决思路，在当时具有重要的积极意义。

第一，苏轼的“廉取节用”思想遵循经济发展规律，重视税收与经济发展之间的辩证关系。面对国家积贫积弱却“三冗”严重的局面，苏轼认识到了税收在其中起到的举足轻重的作用。他痛斥“巧立名目”的苛捐杂税，尤其不满那些成本高昂而收入有限的税收，希望朝廷以更加合理的方式筹集财政收入。他认为在河北、京东两路减免盐税、不实行盐榷有利于维持和促进当地经济发展，认为给予小盐商税收优惠政策的好处不可胜言。

第二，苏轼提倡“量入为出”“廉取节用”的理财理念。“量入为出”要求财政支出应当考虑筹集收入的实际能力，这是中国传统理财的黄金法则，千百年来一直被人们所遵循推崇，为约束国家和君王的财政支出行为、反对征收各种苛捐杂税提供了强有力的思想武器。[①] “廉取节用”要求提高征税的行政效率，减少不合理的财政支出，这对税收收入的合理使用与经济的持续健康发展有重要意义。

第三，苏轼注重国家层面制度的规范监督和皇帝行为的示范作用。苏轼在《六事廉为本赋》中提出，可以通过建立官员廉政考核体系，规范官员行为，引导廉洁清正的风气。他又在《议学校贡举状》中指出，君王所拥有的品行及君王的喜好倾向，会引起天下人的效仿，特别是在节省开支、避免滥赏等方面。苏轼还注重“非我所有、一毫莫取”“身体力行、用之有节”，通过以身作则的方式起到引导作用。在当代，我们也应当充分关注税收政策的行为导向功能，避免由于政策设计的不足，出现政策目标和政策效果背道而驰的情况，使税收更好地为国家经济、社会发展服务。

但是，苏轼的“廉取节用”思想也在某些方面有一定的局限性，“廉取节用”的思想并不适用于北宋所有的弊病。比如，在理财理念方面，“广求以丰国，不如节用而国自丰”的观点考虑了“节用”对于经济发展的必要性，但忽略了丰国的其他必要条件，也未考虑到实现政府职能需要足够的财政收入。再比如，在国防军事方面，北宋军队面临着阵容臃肿、素质偏低的通病，苏轼的主张大体上仅仅是裁减军队以减少开支。然而，北宋面临敌国虎视眈眈的外忧，军队开支在当时的局势条件下应该是国防的必然需求，北宋军队的弊端在于整体素质与实力不高，而这并不是仅靠“节用”军资能够改变的。

---

① 冯俏彬．量入为出与量出为入：论政府理财观［J］．财政研究，2003（7）．

第六章　苏轼的“涤荡振刷”思想

“涤荡振刷”是指革除弊政，推陈出新，制定更有利于社会和民生的政策。针对北宋时期的社会与民生问题，苏轼有着明确的变革意愿，在变革方式与方向上有着自己的主张，并对朝堂之上施行的变革提出了明确建议。

谈及北宋的改革，任何人都难以回避中国历史上对国内外影响最为深远的一项改革——王安石变法。研究苏轼的思想，也不可能回避苏轼与王安石之争。

王安石变法，又称熙宁变法、熙丰变法。从熙宁二年（1069 年）开始，至元丰八年（1085 年）神宗去世结束。王安石变法是以理财为中心的改革，并在政治、经济、军事、社会、文化等多个领域提出改革举措，旨在挽救北宋的政治危机，改变积贫积弱的政治局面，实现强国富民。尽管这场政治改革最终以失败告终，但它仍有着深远的历史意义。

纵观苏轼的为官经历，可以看到虽然王安石变法对其仕途影响很大，但是，苏轼始终认为，权要为民所用，利要为民所谋，凡是损害百姓民生、民权、民利的，他都反对，都要求改革，这既是他“民本”思想的集中体现，也是他“涤荡振刷”思想最直接、最本质的体现。史学界对于苏轼在王安石变法中的立场一直存在分歧：基于苏轼对新法的尖锐批评，有学者认为，苏轼是保守派，即便苏轼后期对改革的评价有所改变，但其内心仍是保守派；有学者认为，苏轼与王安石同为宋代积弊的清扫者，又同受宋代腐朽政治所害，因此苏轼也是坚定的变法派；还有学者认为苏轼具有革新精神，但又认为王安石变法过于激进，因而属于稳健派。

本章聚焦于苏轼在王安石变法前后展现出的税收思想主张进行探析。纵览苏轼在这次变革中的表现，可以看到苏轼在财税改革方面主张“渐变”“富民”为先，让利于民，这与王安石的观点存在一定的冲突。针对王安石变法中“骤变”“富国”的倾向，苏轼提出了明确的意见并阐述了理由。尽管观点相左，不可否认的是苏轼与王安石都有着实现治国安邦的政治追求，在中华文明史上写下了浓墨重彩的一笔。

第一节　“涤荡振刷”思想的形成基础

“涤荡振刷”改革思想是在特定背景下产生的，而苏轼“渐变”“富民”的观点也有其合理之处，是社会环境与个人命运交织而形成的。苏轼改革思想的产生离不开王安石变法前后的社会状况，同时也反映了苏轼个人经历对其思想观念的塑造。

从苏轼所处的时期来看，当时的社会矛盾较为突出。放在整个北宋来看，苏轼所处的时期具有一定的特殊性。王安石变法前后，北宋的经济和政治危机逐渐显现，社会治理的多个方面都出现了难以调和的矛盾。

一、国家内部财政困难与民生问题并存

北宋开国已逾百年，为加强中央集权而设计的制度体系所存在的弊端逐步显现，国家内部矛盾不断激化，主要表现在财政和民生两个方面。

财政方面，北宋出现了入不敷出的问题。特别是宋仁宗庆历新政失败后，财政更加困难，每年赤字在三百万缗以上。到治平二年（1065 年），财政收支

差额达到一千五百七十万缗[①]。“神宗嗣位，尤先理财。”神宗即位之初，国家财用严重匮乏，以至于在近臣诸军赏赐费、英宗治丧费方面都不得不精简。在仁宗、英宗、神宗三朝，皇帝常常要动用内藏库财赋，即天子私库兼国家后备库，借贷给有司，这也足以体现王安石变法前北宋的财政困难。

民生方面，北宋面临着严重的流民问题及频繁的农民起义。除了水灾、旱灾等自然灾害的原因之外，长期战争、土地兼并及赋税徭役等社会原因导致百姓生活困难。“势官富姓，占田无限，兼并冒伪”[②]，真宗与仁宗时期因战事频繁，出现大片无主荒地，引发兼并狂潮，很多公卿大臣占田竟达数千顷之多。同时，北宋的政府赋税、地主盘剥更使得民生状况恶化。农民由于没有生路，纷纷揭竿而起，自开宝六年（973 年）至庆历七年（1047 年），各地农民反抗斗争就连绵不断，累计达到十余次。

这一时期，财政与民生问题同时成为困扰北宋统治的因素，而这二者又是难以简单通过财税制度改革得以兼顾的。如寄希望于增加赋税收入从而降低财政赤字，则会进一步加重百姓的负担，导致更为频繁的农民起义，动摇统治基础。如要降低赋税从而减轻民众负担，则财政状况又会继续恶化，财政收支缺口扩大，危及统治稳定。

二、外部环境面临暂时和平与长久隐患

北宋未能实现国家的完全统一，长期处于与各政权对峙抗衡的状态，和平时期很短，国家外部矛盾十分尖锐。

真宗与仁宗时期，北宋在外交方面延续守内虚外的政策，在与辽夏的对峙中消耗巨大。以宋辽关系为例，于宋真宗时期达成的“澶渊之盟”虽然促成了双方和好，但也为双方关系破裂埋下隐患。“兄弟之国”“南朝北朝”的称

① 李焘．续资治通鉴长编［M］．北京：中华书局，2004.
② 脱脱．宋史［M］．北京：中华书局，1977.

谓并未调和北宋与辽国的根本矛盾。一方面，在北宋有不少的人以未收回燕云之地且向辽交纳大量岁币为耻，但以宋朝的军力又没有战胜辽国的把握。“神宗初即位，慨然有取山后之志”① 与“患无力，岂患无名”② 的矛盾，无疑说明了北宋对于现状的不满，也印证了宋辽双方关系仍处于紧张状态。另一方面，在辽国同样存在对“澶渊之盟”约定疆域不满的人。辽兴宗亲政后，“每言及周取十县，慨然有南伐之志”③，并一度在宋夏战争之时派兵压境，最终以北宋增加银二十万两、绢二十万匹才重归于好。由此可见，王安石变法前，北宋面临的外部危机不容小觑。

对于外部环境，北宋面临着安于短期和平与应对长期忧患的两种选择。在当时的外部战争中，北宋总体处于被动，但辽国与西夏也未能从根本上威胁北宋的统治。部分朝廷官员认为“澶渊之盟”带来的外部和平对北宋大有裨益，为这种暂时的和平付出的岁币远远小于军费开支，因此赞同与辽国保持交好，为经济社会发展提供稳定的条件。但也有部分官员希望提升军力，扭转北宋在对外战争中的劣势，真正实现统一天下。基于在对外关系方面认识的差异，直接影响到对于强兵、军费开支的认识，也就进一步投射到国家财政收入问题上。

三、朝廷之上保守派与改革派针锋相对

除了北宋面临的内外部问题之外，朝廷之上也存在着党派之争的问题，埋下了新法颁布后时行时废、臣民无所适从的隐患。

在宋代士大夫政治文化中，党争是不容忽视的重要构成部分。自宋真宗时，士大夫之间就日渐派系分化。庆历三年（1043 年），范仲淹、富弼等人推行新政，意在整顿吏治、富国强兵，然而保守一方官僚攻击范仲淹、欧阳修等

---

① 徐松辑．宋会要辑稿［M］．北京：中华书局，1957.

② 叶隆礼．契丹国志［M］．上海：上海古籍出版社，1985.

③ 徐梦莘．三朝北盟会编［M］．上海：上海古籍出版社，1987.

改革派是“党人”，间接导致庆历新政的失败。可以说早在王安石变法前，北宋朝堂之上就已经出现了因政见不同而互相指责的风气。

尽管北宋名义上对于党争状况多加限制，但也未能阻止党争问题的不断加剧。朝廷之上，因政见不同而形成的朋党在一定程度上影响了政治格局。不同派系的官员在执政期间普遍会对另一方加以排挤乃至迫害，使其远离政坛。北宋的党争影响了政治的稳定性，也间接导致上台的官员急于把握机会推行自己一方的举措，又进一步加重了政策的不确定性。

北宋时期党争的出现是不可避免的。在宋朝历次变革中，虽然朝堂之上改革与保守官员均标榜祖宗之法，将己方立场最大限度合理化，但他们对祖宗之法的理解与诠释各有不同，从而也为彼此的救弊致治方略划出分野，为党争的存在埋下了伏笔。同时，经历太宗、真宗到仁宗三朝的转变，宋代士大夫对自身地位的认识与自信不断增强，以朝廷命官的身份议政，与君共治天下，从而敢言能言之士屡见不鲜，但也为党争提供了客观条件。

苏轼的改革思想也与其个人经历密切相关，这具体体现在为官经历与儒家思想对他的影响之中。

一方面，苏轼丰富的地方任职经历对其改革思想产生了重要影响。苏轼在地方任职的时间远多于在中央任职，这影响了他在评判改革方面的视角与个人改革思想的倾向。

在这方面，他与王安石形成了鲜明的对比，变法前二人仕途经历的差异也影响了他们各自的改革理念。王安石是苏轼政治仕途中的一位重要人物，两人身处于北宋那个积贫积弱、内忧外患的年代，身不由己地卷入党派之争。在熙宁变法前，苏轼与王安石各自经历的差异也对二人在之后的观点分歧留下伏笔。

从担任地方官员的情况上看，二人都表现出了体恤民情、关心民间疾苦的情怀。王安石变法前，苏轼曾担任凤翔府判官，为官期间积极为百姓解决实际困难，请求调整衙前役中不合理的做法，又上书请求释放被关押的良民，让他们回去安居乐业，并严惩恶吏，这些足以彰显苏轼亲民爱民的本色。而王安石也曾先后担任签书淮南判官、鄞县知县、舒州通判、常州知州等职，多有勤政爱民之名。在鄞县期间，王安石“起堤堰，决陂塘，为水陆之利”，亦是为民办实事的写照。苏轼与王安石都有着深入民间的经历，并切实为改善民生做出举措。

然而，二人在中央政府任职的经历却有着明显差异。苏轼与王安石虽然都曾名震一时，但王安石在朝廷之上的为官经历更为丰富，也更受皇帝重视。自仁宗年间，朝廷就曾多次征召王安石入朝为官，王安石一度任直集贤院、知制诰，更有“及赴是职，闻者莫不喜悦”① 的声名。神宗即位后，更是对王安石加以重用，以天下之事问之，先后提拔他担任翰林学士兼侍讲直至担任参知政事，跻身执政之列。然而，苏轼在中央政府的仕途较为不顺。他虽然得到重臣欧阳修赏识，有“文章独步天下”之赞，一时名动京师，却先后因母亲、父亲去世而回乡治丧守孝。待苏轼还朝任职史馆时已是熙宁二年（1069 年），在朝廷中任职的经验较少，而王安石已然获得皇帝的重视，开始推行变法，二人在改革方面的矛盾也开始显现。

另一方面，儒家思想对苏轼政治人格的塑造产生了较大的影响。在苏轼的求学和早期为官经历中，儒家思想发挥着主导作用，也塑造了在改革方面的观念。

苏轼在儒家思想方面有着明确的师承。尽管所坚持的蜀学未能成为儒家的正统思想，但苏轼在儒家思想中的地位还是不容忽视的。苏轼服膺“文起八代之衰，道济天下之溺”韩愈的道统说，以欧阳修为师，以接继欧公道统为己任。韩愈、欧阳修都对儒家思想有着卓著的贡献，是儒学发展史上的经学大家。苏轼是韩愈、欧阳修儒家思想的继承与发扬者，充分肯定了他们“上合于天”的儒学贡献。

---

① 吴乘权，等．纲鉴易知录［M］．北京：中华书局，2018.

苏轼对于儒学的发展始于参加“制科”考试。在这一过程中，苏轼呈进的文章内容多以先秦儒家六经为主，并对先秦儒家六经、经史子集典籍进行了独具一格的阐发和研究，内容涵盖儒家思想中的民本观、义理观、王道观、中庸观、理政观等。苏轼兄弟二人，践履其父的治学足迹，继承欧阳修之道统，执着于儒家经世济民的政治理念，形成了具有儒家特征的改革思想。

第二节 “涤荡振刷”思想的核心内容

苏轼“涤荡振刷”的改革思想是始终保持一致的，在改革方面注重“渐变”“富民”也贯彻于王安石变法始终。结合北宋的实际情况，苏轼认为不应固守旧法，应当开展变革，但他对王安石主导的变法有着不同的见解，苏轼的改革思想在他针对王安石变法举措提出的具体意见中得到体现。对于免役法、青苗法等举措，苏轼提出的反对意见也构成了其改革思想的重要内容。

一、苏轼改革思想的内容

苏轼的改革思想与王安石变法密切相关，根据王安石变法的时间，大致可以分为三个阶段。在不同的阶段，苏轼的改革思想各有所侧重。仅从具体某个时期来看，苏轼对于王安石变法持反对意见。然而，这并不意味着可以将苏轼归为因循守旧一派，而要关注苏轼在变法前后的总体态度与意见。

1. “涤荡振刷”，卓然而立

从政前期，苏轼就明确表达了对国家前途的担忧，积极揭露时政弊端。他对于北宋政治形势与危机有着清醒的认识，展现了要求改变现状的改革愿望。

宋仁宗时期，苏轼在嘉祐六年（1061 年）应“制科”考试时，曾上书

《策略》五篇、《策别》十七篇和《策断》三篇，他在这些“贤进良卷”中的开篇之作中写道：

> 天下之患，莫大于不知其然而然，不知其然而然者，是拱手而待乱也。国家无大兵革，几百年矣。天下有治平之名，而无治平之实，有可忧之势，而无可忧之形，此其有未测者也。……
>
> 方今之势，苟不能涤荡振刷，而卓然有所立，未见其可也。

苏轼纵论天下治乱与方今之势，指出天下太平的表象之下隐藏着巨大的问题，民生、财用等方面都存在弊病需要解决，促动皇帝下定改革决心。他以西汉的衰落为例，说明“怠惰弛废，溺于宴安”的危害，对北宋朝廷因循守旧、安于现状的风气提出批评。苏轼“涤荡振刷”之论，更是体现了他除旧立新之意。“天下有二患，有立法之弊，有任人之失。”不同于王安石提出的“不知法度”问题，苏轼在后续的《策略》中提出，未实现天下大治是“失在于任人，而非法制之罪也”[①]，认为缺乏完善的吏治，再好的法令也难以得到良好的推行。

苏轼不仅有改革的意愿，还切实提出了政治、经济、军事等方面的改革举措，其广度与深度不亚于王安石在同时期写下的《上仁宗皇帝言事书》，包括吏治方面的课百官、民生方面的安万民、财政方面的厚货财及军事方面的训兵旅。这些举措再次体现了苏轼与王安石在“任人与法制”“节用与理财”“裕民与胜民”等方面的改革思路差异，也注定了二人在日后改革中的分道扬镳。

尽管苏轼的二十五篇进策并非正式公文，但在仁宗、英宗时期，他仍多次上书重申《进策》中的观点与措施。宋仁宗当政末期，苏轼在《思治论》中指出“财之不丰，兵之不强，吏之不择”的问题，强调货财、兵旅及吏治在

---

① 曾枣庄．论苏轼的政治革新主张［J］．社会科学研究，1980（2）．

实现国家治理中的突出作用。宋英宗即位之初，苏轼上书右相韩琦，对朝廷“数十年以来，取之无术，用之无度，是以民日困，官日贫”的现象提出批评，希望韩琦辅佐天子厉行改革，调整国家收支，缓解国家的危难局面。

由此可见，苏轼并非泥古不化之人，他对北宋所处的实际情况有着清醒的认识，对于通过改革应对统治危机有着较强的意愿。早在王安石变法前，苏轼就多次表达了希望改革变法的意愿，虽然未能付诸实践，但“涤荡振刷”的思想已经得到了充分的体现。

2. 所行新政，不与治同

不可否认的是，在王安石变法的过程中，苏轼揭露了许多新政的弊端，与王安石存在一定的分歧。这一阶段，苏轼的思想更多体现在他对变法举措的反对意见中。

早在新旧党争仍在酝酿中、尚未完全展开时，苏轼与王安石的矛盾就已出现。熙宁二年（1069 年），苏轼任国子监考试官时，以“晋武平吴以独断而克，苻坚伐晋以独断而亡，齐桓专任管仲而霸，燕哙专任子之而败，事同而功异，何也?”为题策问进士，借题目议论时政，直指王安石独断朝政的作风。“轼又数上章言时政得失，今春拟进士策，皆讥刺介甫”①，二人逐渐交恶。在编排试卷官的职位上抗议失败之后，苏轼进呈《拟进士对御试策》，直言施政“必畏天，必从众，必法祖宗”②，质疑王安石变法的合理性。

熙宁三年（1070 年）后，新旧党争逐渐激化，苏轼对王安石新政的批判达到了剑拔弩张之势。熙宁四年（1071 年），苏轼上呈《上神宗皇帝书》，对新法的内容、宗旨与实施手段进行了系统的彻底否定③。苏轼或以其文采、广博的历史知识对变法进行类比，或是理论推阐，陈述变法从外到内误端百出，再凭着雄辩之力，把新法批得一无是处。苏轼在文中分别针对变法措施、变法

① 司马光．司马光集［M］．成都：四川大学出版社，2015.

② 徐通辉．王安石“三不足说”出处新探［J］．宋史研究论丛，2021（1）.

③ 王水照，朱刚．苏轼评传［M］．南京：南京大学出版社，2004.

理念与变法形式，提出结人心、厚风俗、存纪纲的主张，更是直言皇帝存在“求治太速，进人太锐，听言太广”[①] 的问题。苏轼主张静以待变，劝说皇帝“镇以安静，待物之来，然后应之”，推崇以安宁的方式治理国家，这也使得王安石对他更为不满。

一个月后，苏轼再度上书痛批新法，即为《再上皇帝书》：

《书》曰：“与治同道，罔不兴；与乱同事，罔不亡。”陛下自去岁以来，所行新政，皆不与治同道。……

今日之政，小用则小败，大用则大败，若力行而不已，则乱亡随之。臣非敢过为危论，以耸动陛下也。自古存亡之所寄者，四人而已，一曰民，二曰军，三曰吏，四曰士，此四人者一失其心，则足以生变。今陛下一举而兼犯之。……

今天下贤者，亦将以此观陛下，为进退之决。或再失望，则知几之士，相率而逝矣。岂皆如臣等辈，偷安怀禄而不忍去哉？

苏轼历数新政弊端，认为新政将危及国家统治。文中将新政的举措称为“祸乱之源”，指出新政将使得“民忧而军怨，吏解体而士失望”[②]。行至文末，苏轼更是劝谏神宗驱逐变法派以防患于未然，指出有的官员宁愿不做官也绝不支持新政，突出了新政的不得人心。同时，苏轼通过诗歌创作，几乎对每一条新法都进行了批判，鞭挞新法实施过程中所出现的种种弊病，并在咏史诗中借古讽今，将王安石比作两汉时期的权臣乱臣，双方矛盾之深足以得见。

因与王安石政见相左，苏轼先后调任杭州、密州、徐州、湖州等地为官。担任地方官期间，苏轼深入民间，考察新政对民生的影响。在《论河北京东

① 谢智飞．论苏轼对青苗法的认识［J］．农业考古，2017（1）．
② 赵治乐，杨果．试析宋代士大夫劝谏皇帝时的恐惧使用［J］．史学集刊，2016（1）．

盗贼状》《徐州上皇帝书》等奏折中，仍不乏对新政弊端的揭露，反映了他在变法期间对于新政的反对态度。

纵观变法期间，苏轼提出的反对意见不能简单地理解为反对所有变革，而更多的是指出这次变法中的问题。客观而言，王安石变法是一场伟大的社会变革，但改革之中暴露出的问题也是不容忽视的。苏轼针对王安石新政的意见多出于变法派专横独断、急功近利的倾向，他站在人心、民生的视角上对其中的弊端提出了批判意见。

3. 校量利害，参用所长

王安石变法失败后，苏轼对于旧党尽废新法的举措也不认同，而是以事实为依据，认为变法的合理之处应予以保留，不应全盘废止。

元丰八年（1085 年），宋神宗病逝，司马光在“公无归洛，留相天子，活百姓”的盛名中入朝为官，他对新法持全面否定的态度，评判新法“舍是取非，兴害除利”[①]，罢黜变法派官员。这一过程中，曾遭变法派打压的苏轼也受召还朝。然而，苏轼对于全盘恢复旧法一事也并不赞同。他在《辩试馆职策问札子》一文中写道：

> 法相因则事易成，事有渐则民不惊。……
>
> 由此观之，是其意专欲变熙宁之法，不复校量利害，参用所长也。

在司马光废除新政免役法、主张恢复差役法之时，苏轼再度据理力争，强调旧法和新法都有可取之处。这是因为苏轼在熙宁、元丰年间曾长期在地方任职，对于旧法和新法的利弊都有所了解，并提议去掉新法中的弊端，而非全面废除新法。

苏轼认为，新法不可全废，他批评了旧党一心推翻王安石变法、恢复旧法

① 赵冬梅. 和解的破灭：司马光最后 18 个月的宋朝政治［J］. 文史哲，2019（5）.

的举措，认为司马光等人在施政过程中没有考察旧法和新法各自的优势与劣势，没有做到各取所长。尽管苏轼整体上对于新法举措的弊端十分不满，但对于司马光一派“寥寥然无一实政之见于设施”[①]，反而因急于废除新法导致百姓无所适从的行为，他还是鲜明地表达了态度，也因此再度受到排挤。

苏轼在变法后表达的观点，更是印证了他具有变法的意愿，希望通过完善旧法从而维护国家治理。表面上看，可能会得出苏轼在保守派与改革派中动摇的结论，但仔细考察苏轼观点的实质，可以看到苏轼反对的原因并不在于派系或地位，而在于推行的政策是否合理、有效。由此可知，苏轼在改革方面的思想并未动摇，而是一以贯之的。

总的来说，从初入政坛到反对王安石变法、再到反对司马光复古，苏轼始终对于北宋的现实状况有着清晰的认识，他从渐变利民的角度出发，支持通过改制解决现实问题、改善民生状况。他不赞同全面实行旧法、维护旧制，但也对新法举措中过于激进、伤害百姓的弊端表达了明确的反对意见。

二、苏轼反对变法具体举措的原因

从改革思想的内容上看，苏轼的观点和态度在反对王安石变法举措中得到了集中体现。苏轼对各项新政的反对原因不尽相同，共同反映了他在改革方面的主张与观念。

在财税政策改革方面，苏轼与王安石改革的分歧主要在于苏轼主张“渐变”“富民”为先，让利于民，而王安石主张“骤变”“富国”为先。从变法的目的上看，苏轼曾在《拟进士对御试策》中向神宗皇帝发问：“臣不知陛下所谓富者，富民欤？抑富国欤?”，他认为“富国”与“富民”存在差异，而主张以“富民”为先。

从变法的节奏上看，苏轼认为王安石变法太过于急功近利，其结果必然是

---

① 王夫之．宋论［M］．北京：中华书局，1964.

有始无终，“其始不利，其卒不成”。针对王安石的具体改革举措，苏轼从其改革思想出发，提出很多反对意见。

王安石变法涉及宋代政治、经济、军事、思想文化等很多方面的问题，其变法动机主要有两个：一是富国强兵，二是摧制兼并①。对于前者，史学界并无过多争议，宋朝立国百年中“三冗二积”的问题在神宗一朝已经十分严重，王安石希望通过变法缓解内外部矛盾，从而解决统治危机。而对于后者，史学界则存在一定的分歧，争议之处在于王安石是否言行一致。在他秉政期间确实试图推行一些“使富不得侵贫”的举措，但实际效果是否真的达到均济贫弱仍有待商榷。换言之，分歧之处在于：王安石以“富国”为出发点开展的改革能否让百姓，特别是其中的穷人获利。概括而言，王安石改革的方向是让国家获利、增强国家实力，但是否能让百姓有更多获得感、幸福感却是存在争议的。

王安石变法实际上是以理财为中心的政治改革，主要内容包括：改革财政机构，推行免役法、青苗法、均输法、“方田均税法”、市易法、农田水利法等。下文主要结合苏轼针对免役法、青苗法、均输法与“方田均税法”提出的意见，简要归纳苏轼在财税改革方面的思想。

1. 免役法：钱聚于上，下有钱荒

徭役是指古代国家无偿征调各阶层的人民所从事的劳务活动，包括力役、职役、军役等。在《礼记王制》中就有关于周代征发徭役的规定，以后历代都规定有徭役，并且名目繁多，办法严苛，百姓千方百计都想躲避徭役。在古代，不论哪种徭役，都具有强制性、无偿性、固定性的特点。到了宋代，仍然存在力役、职役、军役等徭役制度。宋代的徭役往往是以户等为标准派人参与力役、职役、军役。力役，主要是受地方政府的临时性差遣，从事地方建设项目，如修路、治水、挖渠、筑坝等，有时也修建官府私邸、搬运官吏私人物品

---

① 王曾瑜．王安石变法简论［J］．中国社会科学，1980（3）．

等。职役，往往是抽调到地方衙署协助工作，参与公务管理等事项。军役，主要是指安排百姓到军队服役，守边，保家卫国。对于徭役制度中的力役和职役，特别是衙前役制度，苏轼是非常反对的，曾强烈要求废除。对于王安石将力役制度和职役制度改为免役法，苏轼也是强烈反对的，但是苏轼在任职地方官的工作实践中，却是按照“因法便民”的原则改良推进。

按照宋代法令规定，官户、形势户不服役，女户、单丁户、僧道等都免役。比如，苏轼出生在四川眉山的一个知识分子家庭，也是一个中小地主阶级家庭，家里的祖产和田地在现在的四川省眉山市东坡区三苏乡陈家沟。叔父苏涣在朝中做官，也属于宋朝明确的官户人家。按照宋朝税律规定，苏家无须派人服役。负担徭役的往往多是下户的自耕农、半自耕农和佃户。许多百姓为了逃避此役，“至有孀母改嫁，亲族分居，或弃田与人以免上等，或百命求死以就业单丁”[①]。北宋时期，官僚机构日益膨胀，例行事务愈加繁重，各级衙门中可供差遣役使的低级小吏及各色杂役人员也愈发缺乏。职役方面，按照规定，衙前、里正岗位须由乡里中小地主或经济状况较好的自耕农应役，耆长以下岗位由下户，即贫苦农民应役。然而，富户往往买通官府，或以田假售于形势户，诡报佃户，或假作出家为僧，以避重役，最后差役负担多落在下等户身上。贫民无逃役之法，纷纷弃田逃亡。杂役方面，也存在相同的状况，富户诡避，杂役负担全落在贫民身上，又因征调无时，致使民贫役重，困苦不堪。苏轼到任陕西不久，即书信一封反映凤翔差役之重，并慨叹“救之无术，坐以自惭!”，要求改革衙前役。这体现了苏轼对于徭役伤民的认识，也体现了苏轼的改革精神，但是怎么改，苏轼并没有提出具体的好措施。

随着徭役制度的弊端不断显现，朝廷中也出现了改革的呼声。“帝之力主免役也，知民间通苦差役，而衙役之任重行远者尤甚，特创免法。”[②] 宋神宗

---

① 晏建怀．司马光和苏轼为何反对“王安石变法”［J］．文史天地，2021（2）．

② 脱脱．宋史［M］．北京：中华书局，1999．

即位后，任用具有改革精神的王安石，力主改革徭役制度，推行免役法。熙宁四年（1071 年），司农寺拟定免役法，先在开封府试行，同年颁布全国实施。

免役法是王安石变法的重要内容，即按财产将百姓分为上、中、下户，按照富裕程度缴纳不同的免役钱，人们就可以免于服劳役，官府用收取的免役钱雇佣劳役，剩余的免役钱还能够上缴国库，增加国家的财政收入。王安石认为："若遇本路州军有凶年，以募人兴修水利，即既足以赈救食力之农，又可以兴陂塘沟港之废"[①]，即免役法在灾年还有一举两得的效果，在赈灾的同时建设水利工程，从而恢复和促进农业发展，减少灾害再次出现的可能。以此为例，可以看出征收免役钱对于从长远上解决灾民的生计问题具有一定的积极意义。

客观上讲，免役法如果能够良好执行，对于政治和赋税体系来说将会是一个巨大的发展和进步。在开封府试行中，免役令规定乡村上三等户分八等纳役钱，四、五等户不纳役钱，并且明令各地也依此原则分摊役钱。但是，这一法令在全国推行中却出现了变化：免役令前后共发布了四道，规定乡村上户和下户纳役钱，不再依户等的高下，而是按各地税钱、家业钱等划分乡村主户户等的财产标准均摊役钱[②]。换言之，原本下等户和单丁户是不需要提供劳役的，现在执行免役法，这些人还需要缴纳免役钱，使得原本就困难的生活雪上加霜。

早在免役法方案尚处于酝酿阶段时，任职于制置三司条例司的苏辙就曾指出了其中的问题，即"今不问户之高低，例使出钱助役，上户则便，下户实难"[③]，认为不顾百姓各自经济状况而采用统一收税数目，将造成贫困户负担极重。事实上，除开封外，各地乡村下户被变法派很普遍地强加了役钱负担，且负担不可谓不重，这无疑使底层民众的生活水平进一步恶化，与王安石等人

---

① 李焘．续资治通鉴长编：卷二百三十七［M］．北京：中华书局，2004.

② 王曾瑜．王安石变法简论［J］．中国社会科学，1980（3）.

③ 苏辙．栾城集［M］．上海：上海古籍出版社，2009.

声称的“宽优”“穷毗”背道而驰，是变相为国家另增新税。

对于免役法的弊端，苏轼也指出了其中存在的问题：其一，免役法破坏了农村自然经济的秩序，要求农民从事商业活动以获取支付役钱的货币。苏轼在《策别九·均户口》中揭露了这一点：农民从事商业活动，会打乱自然经济秩序，进而动摇统治基础。其二，免役法加深了农民贫穷的程度，从侵占劳动力到侵占钱财。“凡为此者，欲以均出役钱耳。免役之法，其经久利病，轼所不敢言也。”体现了免役法在执行过程中，变相成为政府敛财的手段。其三，免役法助长了官吏的贪腐之风，新增设的免役钱为鱼肉百姓提供了新的机会。苏轼在《和陶拟古九首其六》中说：“贪人无饥饱”“本欲竭泽渔”，在《和陶劝农六首其二》中说：“贪夫污吏，鹰挚狼食”，向农民，特别是底层民众加税无疑助长了贪污腐败之风。

在王安石变法失败后，司马光等人完全否定免役法、主张恢复差役法。司马光对于免役法的反对，则更多是出于遵循古法。早在变法推行之时，司马光就以“徭役自古皆从民出，介甫更欲敛民钱雇市佣而使之”为由反对免役法，认为劳役自古以来都由平民负担，这理应是“常人之所知”[①]。然而，对于司马光等人全面恢复旧法的举措，苏轼也有不同的观点：

> 差役、免役，各有利害。免役之害，掊敛民财，十室九空，钱聚于上，而下有钱荒之患；差役之害，民常在官，不得专力于农，而贪吏猾胥得缘为奸。此二害轻重，盖略相等，今以彼易此，民未必乐。……

苏轼的这一主张，并不是一改之前对免役法的态度，完全加以肯定，而是认为此前推行的差役法与免役法都存在严重的问题。前者的问题在于征召百姓到官府应役，大量消耗了百姓的劳动力和时间，导致其无法专注于农耕。后者

① 黄以周，等．续资治通鉴长编拾补［M］．北京：中华书局，2004.

的问题在于将包括底层民众在内的所有农户当作免役钱的征收对象，大肆搜刮民脂民膏，钱财集中于各级政府而百姓日益贫困。说到底，苏轼的意见是轻徭役，减少徭役制度对民生的损害，他认为原有的差役法应当加以改革，但也反对王安石变法中通过免役法聚财的做法。

对于徭役制度，苏轼也曾提出自己的建议：

> 但当先定役钱所须几何，预为至少之数，以赋其下五等。（下五等，谓第四等上、中、下，第五等上、中也。此五等旧役至轻，须令出钱至少乃可，第五等下，更不当出分文。）……
>
> 借如某县第一等凡若干户，度其力共可以出钱若干，则悉召之庭，以其数予之，不户别也。令民自相差择，以次分占，尽数而已。第二等则逐乡分之，凡某乡之第二等若干户，度其力可以共出钱若干，召而分之，如第一等。第三等亦如之。彼其族居相望，贫富相悉，利害相形，不容独有侥幸者也。相推相诘，不一二日自定矣。若析户则均分役钱，典卖则著所割役钱于契要，使其子孙与买者各以其名附旧户供官，至三年造簿，则不复用，举从其新，如此，而朝廷又何求乎?①

知密州时，苏轼在均敷役钱时遵循“五等古法”，认为第五等下户无须出役钱②。苏轼的举措，照顾到了底层的贫苦百姓，在确保百姓生计的基础上再考虑筹措资金。同时，苏轼尝试采用随田亩推割役钱之法，并认为这是使役钱计征更简便的法门，不失为一个一举两得的做法。

免役法的实施，尽管在筹集财政资金方面做出了较大贡献，但这一举措在制裁兼并方面成效甚微，只是使兼并一方多出一些免役钱而已，无疑达不到

① 张志烈，马德富，周裕锴．苏轼全集校注（第十六册文集七）［M］．石家庄：河北人民出版社，2011.

② 黄敏捷．北宋熙丰时期的役钱征收与地方权限：兼评雇役法［J］．文史哲，2018（4）.

"不敢保过限之田"① 的目的。同时，筹集财政资金的同时也暴露了其增加民众负担的问题，在推行过程中对底层民众利益的重视程度不足，导致变相增加了新的赋税。对于免役法，苏轼反对的原因主要在于为国聚财而忽视民生，这体现了他以民为先的思想。在实际执行中，苏轼对役钱的计征方式进行了一些创新，使之更便民、更注重底层民众的情况，这是对役钱制度的有益补充。

2. 青苗法：细数其害，不可胜言

青苗法，亦称"常平新法"，是王安石变法的措施之一。熙宁二年（1069年）九月初期先在河北、京东、淮南三路试行，后推广到其他诸路，到元祐元年（1086年）停止执行。

青苗法规定，朝廷每年正月、二月和五月、六月分两次贷钱或粮食给农民，春初借者，随夏粮六月还；夏季借者，随秋粮十一月还。对于青苗法，苏轼由始到终都是反对的。

在实行青苗法前，宋朝存在着常平仓制度，这是我国粮食储备制度最大的创举。常平仓，是指在丰年适当抬高价格买进粮食，防止谷贱伤农；在荒年适量降低价格卖出粮食，平抑物价，救济百姓，也就是"遇贵量减市价粜，遇贱量增市价籴"。常平仓制度"高价买入，低价卖出"的模式，需要海量的资本维持，国家财政是无法承受的。宋朝时，王安石在常平仓制度所具有的公益功能的基础上，赋予了其经济功能，将常平仓制度升级为青苗法。

在制度设计上，王安石认为青苗法不仅能实现"散惠兴利，以为耕敛补助"② 的目标，给农业生产带来便利，又能"抑民豪夺之意"③，从而"摧制兼并"。从民生的角度来说，王安石认为青苗法在一定程度上可以帮助百姓渡过灾荒、保证农业生产，同时抑制民间高利贷盘剥。

然而，尽管青苗法的目的是抑制兼并、在青黄不接的时候救济百姓，但是

① 邓广铭．北宋政治改革家王安石［M］．北京：生活·读书·新知三联书店，2017.

②③ 徐松．宋会要辑稿［M］．北京：中华书局，1957.

因为管理过程中有所缺漏而出现了很多弊端，如利息高、手续复杂及硬性摊派等，导致青苗法在推行中遇到了很大阻力。同时，朝中大臣纷纷对此展开批评。在青苗法推行之初，司马光就提出虽然青苗法规定不得强制摊派，但在实际运行中却难以避免，即产生抑配问题。青苗钱的抑配可能导致民间贫困问题更加普遍，国家的投入也可能血本无归。苏辙看到了青苗法利息较高的一面，指出“设青苗法，以夺富民之利。民无贫富，两税之外，皆重出息十二，吏缘为奸，至倍息，公私皆病矣”①，说明在新法执行中确实存在危害百姓利益的情况。

针对青苗法存在的问题，苏轼提出了明确的反对意见。他认为，青苗法主要是政府放贷赚取高额利息的制度。地方官员强行让百姓向官府借贷，随意提高利息，并且地方官员为多放青苗钱以邀功，额外还进行名目繁多的勒索。他在《拟进士对御试策》中指出：“今青苗有二分之息，而不谓之放债取利，可乎?”文中点明了新法的利息过高，加重百姓负担，容易导致贫困的问题。在其后的《上神宗皇帝书》中，苏轼明确地表达了不应实行青苗法的原因：

青苗放钱，自昔有禁，今陛下始立成法，每岁常行，虽云不许抑配，而数世之后，暴君污吏，陛下能保之与？异日天下恨之，国史记之，曰青苗钱自陛下始，岂不惜哉？……

……计愿间请之户，必皆孤贫不济之人……鞭挞已急，则继之逃亡，逃亡之馀，则均之邻保，势有必至，理有固然。且常平之为法也，可谓至矣。……今欲变为青苗……坏彼成此，所丧愈多；亏官害民，虽悔何逮。……

陛下以为坏常平而言青苗之功，亏商税而取均输之利，何以异此？

苏轼在给皇帝的上书中，明确指出青苗法的实施会受到执行者的影响，如

① 苏辙．栾城集［M］．上海：上海古籍出版社，2009.

果出现暴君和贪官，难保青苗法不会成为百姓的另一项负担。而且，有意愿申请青苗钱的大多都是穷苦百姓，如果未能偿还则会遭到严厉的惩罚，连他们的邻居或者担保人也会受到牵连。因此，在苏轼眼中青苗法不如传统的常平法，必须取消。

青苗法实行后恰逢连年自然灾害，官员逼债，强迫借贷交息，百姓苦不堪言，农户纷纷破产，连富户也无法幸免。苏轼在外为官的经历中，他更是目睹了青苗法的危害与民不聊生的状况。他在《山村五绝》之四中写道：“杖藜裹饭去匆匆，过眼青钱转手空。”① 当时的青苗法规定半年二分利息，每年两次，利息达40%。虽名为“备灾伤”，但客观上却是放债取利。诗中，苏轼表达了对青苗法劳民伤财的强烈不满，也反映出了最真实的现状：农民为了借贷还贷，经常要占用劳动时间，拄着杖，带着干粮进城，而贷来的青苗钱在路途奔波与城中生活消费后早已一文不名。

因此，对于青苗法，苏轼始终是坚决反对的。元祐元年（1086年），当时王安石变法早已结束，但朝廷之上仍存在新旧党争。在《乞不给散青苗钱斛状》中，苏轼阐述了青苗法存在的问题：

先朝初散青苗，本为利民，故当时指挥，并取人户情愿，不得抑配。自后因提举官速要见功，务求多散，讽胁州县，废格诏书，名为情愿，其实抑配。……右臣伏见熙宁以来，行青苗、免役二法，至今二十余年，法日益弊，民日益贫，刑日益烦，盗日益炽，田日益贱，谷帛日益轻，细数其害，有不可胜言者。……又官吏无状，于给散之际，必令酒务设鼓乐倡优，或关扑卖酒牌子，农民至有徒手而归者。但每散青苗，即酒课暴增，此臣所亲见而为流涕者也。二十年间，因欠青苗至卖田宅雇妻女投水自缢者，不可胜数，朝廷忍复行之欤！

---

① 王启鹏．论苏轼的民本思想［J］．惠州学院学报（社会科学版），2008（4）．

苏轼将自己在地方为官时的所见所感加以抒发，直言青苗法祸害百姓二十余年。文中，苏轼将青苗法在执行中的弊端一一陈述。尽管青苗法原先规定“不愿请者，不得抑配”，但在实际执行中，朝廷则是实行“计息推赏，否则废黜”的考课制度，造成无论是乡村上户，还是下户或客户，都被强行摊派、强行纳息，给各个阶层的百姓都造成了影响。另外，有的地方在预支青苗钱时，一些地方官吏一面放钱，一面诱导借款人去吃喝玩乐，挥霍手中借款，使农民钱财一空，积欠越来越多，最终走投无路。

客观而言，青苗法在增加北宋财政收入方面作出了重要贡献，“岁收息至三百万贯”，连反对变法的官员也一度提出因国用不足而复散青苗钱的主张。同时，青苗法限制和夺取了豪强之家出放高利贷的部分权利，对高利贷加以打击，客观上具有保障民生的意义。然而，其在执行中存在的抑配问题虽然体现了王安石“摧抑兼并”的思想，但强制放贷也为地方官吏盘剥百姓创造了条件。此外，青苗法没有考虑到由于收获丰歉不定、谷价的变动幅度颇大的问题，导致农民承受了更大的风险。纵观苏轼对青苗法的评价，可以发现苏轼并没有因国用所需而转变对青苗法的态度，他坚决反对通过青苗法“富国”的做法，并深刻地揭露了青苗法对百姓的伤害。

3. 均输法：亏商税而取均输之利

北宋时期，为满足国都东京（今河南开封）的供应需求，朝廷规定了从东南方向供给财赋物资的制度，涉及赋税征收、市场购买、漕运等方面。然而，这一制度在执行过程中逐渐落后于实际的发展情况，暴露了一系列问题：各地上供数额固定，与实际消耗数额之间存在差额，供需不平衡；负责这一制度的行政机构对于各地生产情况、京师消耗情况及市场情况缺乏清晰的了解，会导致浪费；各地政府购买上供物资时因种种原因导致物价较高，加大了政府的购买成本及百姓的负担。

针对这种情况，王安石借鉴西汉桑弘羊的做法，推出了均输法，并于神宗熙宁二年（1069 年）实行。《宋史 · 王安石传》中记载：“均输法者，以发运之职改为均输，假以钱物，凡上供之物，皆得徙贵就贱，用近易远，预知在京所当办者，得以使得蓄买。”① 均输法中的“均”，是指改革死板的实物征敛制度，根据年景收成的变化，折钱与购买实物相结合，依靠市场，舍远求近，通过购买获得上供物资。均输法中的“输”，并不是指运输，而是指输纳、供应之意。

作为新法重要内容之一的均输法，责成各地发运使必须周知六路生产情况和京师需求情况，这是调节物资供需关系、平抑物价以打击大商人的政策，其本质特征就是“徙贵就贱，用近易远”。一方面，均输法不是固定不变地向各地征敛实物赋税，而主要是在灾荒歉收、物价高涨的地区折征钱币，用钱币到丰收的地区贱价购买上供物资，此即“徙贵就贱”；另一方面，如果有多个地区同时丰收物贱，就到距离较近、交通便利的地区购买，此即“用近易远”。按均输法的条文看，实行此法会有利于减少国家财政开支，减轻百姓支移和折变的负担。王安石主张由国家掌握“轻重敛散之权”，以防富商大贾“乘公私之急”②，进行投机活动。

可以看出，均输法的目的是减少财政开支、减轻民众负担，但考虑到朝廷额外的行政成本及钱荒时民户的折变负担，这一政策仍存在一些问题。在《上神宗皇帝书》中，苏轼就指出了均输法存在的问题：

立法之初，其说尚浅，徒言徙贵就贱，用近易远。然而广置官属，多出缗钱，豪商大贾，皆疑而不敢动，以为虽不明言贩卖，然既已许之变易，变易既行，而不与商贾争利，未之闻也。夫商贾之事，曲折难行，其买也先期而与钱，其卖也后期而取直，多方相济，委曲相通，倍称之息，由此而得。今官买是物，必先设官置吏。簿书廪禄，为费已厚；非良不售，非贿不行，是以官买

① 李晓．论均输法［J］．山东大学学报（哲学社会科学版），2001（1）．
② 黄以周，等．续资治通鉴长编拾补［M］．北京：中华书局，2004．

之价，比民必贵；及其卖也，弊复如前，商贾之利，何缘而得？朝廷不知虑此，乃捐五百万缗以予之，此钱一出，恐不可复。纵使其间薄有所获，而征商之额，所损必多。

苏轼认为，均输法具有与商人争夺市场利益的特征，不利于商业的正常运行，从而会导致国家商税损失增多。换言之，苏轼认为这一做法不仅在国家财政收入方面得不偿失，还会破坏正常的市场流通，导致百姓负担加重。

同时，苏轼对于均输法中以钱代税的做法也不认同，他曾在《司马温公行状》中引用司马光的观点，即“东南钱荒而米狼戾，今不籴米而漕钱，弃其有余，取其所无，农末皆病矣”，揭示了以钱代税对农民及商人的损害。事实上，均输法在执行中确实出现了钱米并征、折钱过重、折钱不均等问题，如政府在歉收年份不征米而征钱，但折钱数额高于当地价格，进一步加重了百姓的负担。

对于均输法，其值得称道的地方是确实将“轻重敛散之权”转移到北宋朝廷手中。均输法的实行将州县之财收归朝廷，增强了朝廷对地方财政的控制。同时，在均输法的推行前，连国家买卖物品也要受到商人的影响，侧面印证了均输法对于抑制兼并的意义。然而，由于制度设计上的问题，导致其并未使得百姓的负担减轻，反而在钱荒下加重了负担，最后以失败而告终。

4. “方田均税法”：夺甲与乙，不均又甚

北宋时期，朝廷曾在土地制度上长期保持“不抑兼并”“田制不立”的态度。关注赋税征收而不干预土地所有权转移直接导致了官户、地主对普通百姓土地的巧取豪夺，引发了土地兼并浪潮，而这些豪绅地主又通过隐匿财产和人口的方式偷逃税款，进而导致税收收入损失，国家面临财政危机。土地兼并不仅打击了民众生产积极性，更引发了频繁的农民起义，迫使北宋在田赋制度上做出变革。随着多次限田令的失败，对于更有效的田赋制度的呼声越来越高。

在此背景下，王安石借鉴此前的“方田均税法”，并经过总结改进使之更具针对性和可行性。

“方田均税法”是王安石变法的举措之一，主要是针对田赋制度的改革措施，于熙宁五年（1072 年）正式颁布。在制定与实施过程中，该法曾经过数年地方实践与争论，并且仅正式实施于开封和京东、河北、河东、陕西五路，限于北宋疆域的北部，到元丰八年（1085 年）基本废止。后在绍圣（1094—1098 年）时期，蔡京又重新推行方田，然而终因实施困难，于宣和二年（1120 年）完全废止。

“方田均税法”，是指测量土地并根据土地肥瘠定出相应的五个等级，按不同税额标准进行征收，因以东西南北各一千步的土地面积为一方而得名。王安石规定要清丈土地，均定赋税，改善顷亩数不确实、赋税不均的情况。这一政策的制定思路在当时确有先进性，有助于查清豪绅地主隐产漏税的情况，部分清除和纠正“诡名挟佃”“隐产漏税”“产去税存”等弊端①，从而抑制土地兼并，确保税收收入。

然而，除了实施范围有限外，“方田均税法”在执行中也出现了不容忽视的问题。其一，“方田均税法”旨在清查地主的瞒田隐税，却在执行中由“本方上户”与官吏共同清丈田地，这很有可能出现未被方田测量到的土地而成为法律漏洞。其二，尽管“方田均税法”明令官员不得乘机增税，但这同样是难以避免的，会导致原本多缴税的人税负不会减轻，而少缴税的人却要多缴，实质上仍是增税的行为。

熙宁七年（1074 年），苏轼前往密州为官。在任期间，他实际观察了“方田均税法”的运行，并在《上韩丞相论灾伤手实书》中写道：

方田均税之患，行道之人举知之。税之不均也久矣，然而民安其旧，无所

① 邓广铭．北宋政治改革家王安石［M］．北京：生活·读书·新知三联书店，2017.

归怨。今乃用一切之法，成于期月之间，夺甲与乙，其不均又甚于昔者，而民之怨始有所归矣。

苏轼在文中指出了“方田均税法”的问题，阐述了其在执行过程中扰民害民的现实情况。早在实施前，土地赋税不均就由来已久。而新法突然全面推行，意图快速奏效，一时间税赋不公进一步加剧，民间怨声载道。这无疑反映了法令迅速推行对百姓生活的冲击，与苏轼主张渐变的理念相反。苏轼在《寄刘孝叔》一诗中的“方田讼牒纷如雨”足以体现“方田均税法”为民众增添的困扰，一时间民间诉讼纷纭。

在土地制度和田赋制度改革方面，苏轼也曾提出自己的见解，但均未得到重视和采纳。

一是实行均户口，按地征赋役。在“以民之多寡为国之贫富”为主流观点时，苏轼率先意识到“人众富国论”的错误性。他提出人口并不完全等同于生产人口，一国的贫富不取决于该国的人口有多少，而是看生产人口的多少。而北宋虽然人口远远超过隋唐，但土地资源与人口增长严重不匹配、人口分布严重不均等问题导致了强烈的人地矛盾，生产人口肩负着沉重的抚养负担，在人口密集的地区人均土地资源有限，在人口稀少的地区劳动力资源短缺。这些问题都让农业无法发挥应有的价值，人们自然也无法满足自己的生活需求。新政实施后，农民仍然受到压迫，“弱者转于沟壑，而强者聚为盗贼”，多数农民迁徙不定，陷入被强盗抢掠和为谋生计沦为盗贼的恶性循环中。为了应对种种弊端，早在《策别》（九）中，苏轼就提出了“均户口”的概念：

其三曰均户口。夫中国之地，足以食中国之民有馀也，而民常病于不足，何哉？地无变迁，而民有聚散。聚则争于不足之中，而散则弃于有馀之外。是故天下常有遗利，而民用不足。……

昔者圣人之兴作也，必因人之情，故易为功。必因时之势，故易为力。今欲无故而迁徙安居之民，分多而益寡，则怨谤之门，盗贼之端，必起于此，未享其利，而先被其害。臣愚以为民之情，莫不怀土而重去。惟士大夫出身而仕者，狃于迁徙之乐，而忘其乡。昔汉之制，吏二千石皆徙诸陵。为今之计，可使天下之吏仕至某者，皆徙荆、襄、唐、邓、许、汝、陈、蔡之间，今士大夫无不乐居于此者，顾恐独往而不能济，彼见其侪类等夷之人莫不在焉，则其去惟恐后耳。此所谓因人之情。

夫天下不能岁岁而丰也，则必有饥馑流亡之所，民方其困急时，父子且不能相顾，又安知去乡之为戚哉？当此之时，募其乐徙者，而使所过廪之，费不甚厚，而民乐行。此所谓因时之势。

然此二者，皆授其田，贷其耕耘之具，而缓其租，然后可以固其意。夫如是，天下之民，其庶乎有息肩之渐也。

苏轼提出的“均户口”，是指依据“因人之情”和“因时之势”两个原则基础上的“均户口”。具体来讲，就是主张在遇到灾荒年时，鼓励官员、富户带头，朝廷可采用移民垦荒的办法，官府免费供给，授以田地，配发农具，即根据实际占地征收赋役，并且在一定年限之内免征租赋，把人口均匀地分散到全国各地去，使劳动力和土地相匹配，这样就可以达到人人有田耕、土地无荒芜的效果。同时，随着耕种面积的增加，赋税自然随之增收，国富民强的目的才能得以实现。

二是改革田赋征税办法，由“从量计征”改为“从价计征”。履亩而税的田赋“从量计征”法，是宋代税收最明显的标志。在现实生活中，苏轼发现这一制度已经越来越不适合当时宋代土地兼并日益严重的现实，“今夫一户之赋，官知其为赋之多少，而不知其为地之几何也”，同时还发现“其奸民欲以计免于赋役者，割数亩之地，加之以数倍之赋，而收其少半之直，或者亦贪其直之微而取焉”，最终造成的结果是“数十年来，天下之赋，大抵淆乱。有兼并之族而赋甚轻，有贫弱之家而不免于重役，以至于破败流移而不知其所往，其赋存而其人亡者，天下皆是也”。因此，苏轼认为，即使劳动力与土地匹配了，但土地存在“广狭瘠腴”，按亩征税也不合理。为改变这种情况，苏轼提出通过核查田契来确定每户田地“广狭瘠腴”的方法来征税，他说：“夫易田者必有契，契必有所直之数；具所直之数，必得其广狭瘠腴之实。而官必据其所直之数，而取其易田之税。是故欲知其地之广狭瘠腴，可以其税推也。久远者不复知矣，其数十年之间，皆足以推较，求之故府，犹可得而见。苟其税多者则知其直多，其直多者则其田多且美也。如此而其赋少，其役轻，则夫人亡而赋存者可以有均矣。”

据考证，苏轼这一“从价计征”的理论和观点，是世界上最早提出“从价计税”的理论和观点，但“从价计征”的观点在当时并没有引起朝廷及世人的重视。因为在封建社会里，土地是私有的，土地的价格是保密的，按田契中所载的地价征税，往往是损害官员、地言、富户的利益，这是根本行不通的，因此，苏轼对田赋“从价计征”的观点不被重视、不予采纳是正常的。

由此可见，对于土地赋税问题，苏轼与王安石的着眼点有着“均民”与“均税”的不同。王安石希望清丈土地，均定赋税，而苏轼认为人地不均，度地居民。王安石推行的“方田均税法”旨在迫使豪绅地主按照所占有的实际土地数目向朝廷缴税，从而保证赋税的征收，但在执行中为了多收赋税，官吏千方百计虚增百姓的家业，加重了民众负担，进一步深化了不均的问题。苏轼主张的“均户口”旨在解决因人地不等而造成的民生问题，但这一方案仅注重解决劳动力和土地相结合的问题，并没有深层次剖析造成劳动力和土地相分离的根本原因，即土地兼并的问题，同样存在不足之处①。

总的来说，“涤荡振刷”改革思想的内容反映了苏轼的改革决心，也展现了苏轼在改革方面独到的见解。苏轼对于王安石变法中具体举措的反对，更多是基于举措过急、伤民的视角，他反对王安石草率推行变法举措的做法，认为

① 李瑜，张静．苏轼的人口思想［J］．财经问题研究，2001（11）．

“近者青苗之政，助役之法，均输之策，并军搜卒之令，卒然轻发”。同时，尽管王安石变法中有“摧制兼并，均济贫弱”之言，但在实际执行过程中，却出现了“聚敛”以“富国”的倾向①。苏轼对此持反对意见，他看到了变法期间的民不聊生、民怨沸腾、民变迭起，并因此提出异议。

第三节　“涤荡振刷”思想的评述

在当时的历史背景下，苏轼的改革思想有一定的先进性，但也不可避免地存在局限性。苏轼对于北宋存在的问题有着非常清晰的认识，希望通过变革促进社会发展、增进百姓福祉，本身具有积极意义。然而，他未能实际主导一场社会变革，其思想主要体现在针对王安石变法的意见之中，北宋也因此失去了改变积贫积弱国势的机会。

苏轼的政治革新主张，笔者认为可以采用两个词来概括，即“渐变”与“富民”。苏轼的改革思想，体现出他为苍生谋福祉的初心贯彻于从政时期的始终。苏轼对王安石变法表现出的反对态度绝不意味着他一味推崇旧法，而是对改革的节奏、目的提出了不同意见。

在变法的节奏方面，苏轼推崇的是缓进式的改革，认为徐变徐立的改革更加适合北宋，同时认为在现实中仍然行之有效的传统政策和制度不必尽数变更，总体倾向于稳健。而王安石的改革主张更为激进，在实际主持变法时做出了短期推行大量新政的行为，并针对现有弊政，尽可能都推出新的变革措施。

苏轼主张渐进式改革具有一定的积极性。苏轼批评王安石变法“卒然轻发”，提出“法相因则事易成，事有渐则民不惊”，反映了他在保持政策总体稳定、避免“急转弯”方面的态度。对于税收而言，固定性是其基本特征之

① 王曾瑜．王安石变法简论［J］．中国社会科学，1980（3）．

一，即税款的征收是固定的，征税主体、征税客体与征收管理都是确定的，不能随意变动。政策多变对于社会经济发展、政治局势稳定有着不利的影响，即“言多变则不信，令频改则难从”。放在北宋特定的历史环境中，王安石变法急于求成，明知“急而成之，则为大害”，却还是在数年之间推行十余项举措，这无疑高估了当时各级政府的工作效率，各项改革举措全面铺开直接引发了政策执行困难，对于新政的歪曲和误读更是为地方官员提供了谋私的工具，加剧了底层百姓的生活困难与负债风险。王安石变法的过程对百姓的生活造成了很大的冲击，变法也最终遭遇失败。

然而，在改革节奏这一问题上，也更应考虑到国家的实际条件。猛药去疴，重典治乱，对于北宋面临严重的统治危机与强大的变法阻力，循序渐进式的改革难以确保顺利推行，更无法保证能在内外部危机到来前顺利完成。事实上，放眼北宋的局势，内有农民起义，外有军事强国，北宋政权已然处于十分危险的境地。或许是由于苏轼在地方为官的时间要远长于在朝廷为官的时间，这使得他在体察民情方面更为细致，但对于朝廷的运作缺乏更透彻的了解，对于财政困难、民族矛盾的认识不够深入。

在变法的目的方面，苏轼主张以“富民”为第一要义，反对改革中与民争利的政策，认同藏富于民，这在政治层面有争取民心、稳固政权的考虑。而王安石变法更多出于富国强兵的目的，为天下理财，使国家聚集更多财富、增强国家硬实力，进而对内抑制兼并、均济贫弱，对外提升军力、巩固统治。由此可见，二人在目标上的分歧引发了后续的矛盾。

虽然税收制度的设计应当遵循财政稳定性原则，目的是为国家筹集充足的财政资金，以满足国家职能活动需要，但是过重的税收会对百姓生活造成极大的压力，所以在制定税收政策时更应考虑税收负担是否在纳税人的承受范围之内、是否会对纳税人正常的经济活动造成扭曲等问题。王安石变法中，免役法、青苗法引发的役钱、青苗钱都在一定程度上意味着要百姓负担额外的赋税，这对于民众特别是底层百姓而言是远远超出其承受范围的。改革派的举措实质上聚敛了民间财富，实现了财政收入的显著增长，寄希望于用这笔财富干一番大事业，然而这笔财富的积累不是发展生产的结果，而是“聚敛”的结果，变法也最终走向失败。

苏轼以民为先的观念有着可取之处。他受儒家思想的影响，指出“古之设官者，求以裕民；今之设官者，求以胜民”，主张为政以德，待民以宽。苏轼并不反对通过改革实现“丰财”的做法，只是对于推行苛政、剥民兴利的做法表示不满，反对为充裕国库而置民众利益于不顾。

然而，“富民”与“富国”并非完全对立的两件事，也不是相互取舍的关系。国之不存，何以为家？实际上，若无强大的国力作为支撑，百姓生活水平的提高也无从谈起。立足当时，财政缺口与外部危机已然到达影响统治的地步，一旦政权倒台，普通百姓将受到更为严重的战火和饥荒侵袭，民生问题也将进一步恶化。因此，不应只侧重于反对国家聚财，还要看国家将钱花在何处、其最终目的是否有益于民生。

对于一项重大的经济社会改革而言，改革节奏与目的都是非常重要的。改革目的决定改革方向，而实现改革目的也需要合理把握改革节奏。在改革节奏上，苏轼的“渐变”改革思想有着过人之处，但结合北宋的实际情况，王安石抓住关键，迅速解决危及统治的问题同样也具有其合理性。在改革目的上，“富国”与“富民”不应是取舍关系，而应做到二者并重。苏轼与王安石在各自的改革主张或实践中都仅向其中一方侧重，在兼顾“富国”“富民”的角度上都存在一定的局限性。而今，我国的改革坚持从国情出发、从实际出发，适应社会发展要求，回应人民关切。我国追求的发展是造福人民的发展，追求的富裕是全体人民共同富裕，强调国家越发展，越要把贫困群众基本生活保障好①。改革离不开党的坚强领导与政府的有效作为，要做到始终坚持正确的目

① 学而时习．习近平总书记谈共同富裕［EB/OL］．（2021－02－02）［2021－11－13］．http：//www. qstheory. cn/zhuanqu/2021－02/02/c_1127055668. htm.

标和方向，把握好节奏和力度。

总的来说，苏轼表达了“涤荡振刷”的改革意愿，要求革除弊政，又从“渐变”“富民”的角度对王安石推行的新政提出反对意见。尽管受到个人经历及思想观念的局限，但苏轼的改革思想在财税领域仍有着重要的价值，他的为政态度与精神也值得后人学习发扬。

后　记

林语堂曾说："像苏东坡这样的人物，是人间不可无难能有二的。" 2000年，法国《世界报》组织评选1001年至2000年间的"千年英雄"，全世界一共评出12位，苏轼名列其中，是唯一入选的中国人。苏轼是一个全才型人物，深受人们爱戴。有人爱他"一蓑烟雨任平生"的豁达乐观，有人爱他"老夫聊发少年狂"的豪情壮志，有人爱他"只缘身在此山中"的灵心慧眼，有人爱他"饱得自家君莫管"的幽默风趣。苏轼以其诗文才气，堪称一时文坛领袖，亦是"千古风流人物"。

除了为人们所熟知的文学家、书法家、画家身份，苏轼还是文人从政的楷模。

苏轼二十岁时走出地处"坤维上腴，岷峨奥区"的眉山，步入四十余载的从政生涯，历经宦海浮沉、辗转多地，足迹遍布大江南北。终其一生，其为人德品，为官操守，为民坚守，为文标格，在中国历史上都是罕有其匹的。

不论在顺境还是逆境，苏轼始终不忘初心，砥砺前行，为国为民，一以贯之。在苏轼的一生中，为国为民始终是他所坚持的初心，并在不同职位上为国家治理尽心尽力。一是关心国事民情。常怀忧国忧民之心，认识到北宋局势的严峻性。他曾鲜明地指出北宋存在的严重问题，概括出"存亡之所从出，天下之大事"的各个方面，并表达出对"不测之忧"的顾虑，需要及时通过合理的变法应对内外矛盾。二是坚定变革决心。希望通过完善制度解决治理难题、实现治国安邦，这是他不变的政治追求。他借助先朝事例，引用圣人大家之言，规劝统治者不要安于逸乐，而应下更大的决心革除弊政，做到“犯其至难而图其至远”。三是秉承以民为先。带着儒家学说中朴素的“民本”思想，关怀黎民百姓的安危。他身居朝堂之上也会时刻考虑政策对百姓生产生活的影响，以政法之策为民谋利，在地方任职时深入体察民情，躬身亲为，为民实干，为受苦的百姓打抱不平，为百姓利益据理力争。无论从国家还是百姓的角度来看，苏轼都无疑是受人尊敬、令人钦佩的，他的耿直、正派亦为后人所赞颂。

不论在何地为官、任何官职，苏轼始终夙夜在公、秉正直言、为政尽心、不谋私利。回顾苏轼的仕途经历，可以看到他坦然直率，敢于对时政中的问题提出自己的见解，从不趋炎附势、见风使舵。对于苏轼而言，他在为政为官方面的很多理念与当朝政治家不尽相同。他的税收思想不同于王安石等变法派“骤变”“富国”的主张，也不同于司马光等保守派因循守旧的观点，而是基于他自身对民间疾苦的认识、对国家治理的考虑而提出的。居庙堂之高时，面对受皇帝支持的变法派雄心勃勃推行的新政，苏轼直言新政的弊端，对其中与民争利等问题提出反对意见。面对曾征召自己还朝的保守派循规蹈矩地全盘复古，苏轼再次向朝廷提出建议，强调要吸收借鉴新政中的积极因素，并指出保守派存在腐败落后等问题。处江湖之远时，苏轼对朝廷颁布的法令做出调整，使其在执行过程中更加利民，并在上书中阐述地方民情，讲述政策对百姓造成的影响。他在地方时为民请命，上奏朝廷请求珍惜民力、体恤民情，深刻批评地方贪官庸吏的伤财害民行为。他为民众谋福利，主持参与兴修水利、抗洪救灾等，将济世救民的理想付诸实践。亲民、爱民、惠民，儒家的道德规范在他的税收思想与实践中有着充分的体现，在中央和地方为官的经历都足以体现出他为政尽心、不谋私利的价值观念。

受限于北宋风云变幻的时代背景与个人一波三折的从政经历，苏轼的税收思想与实践也在很多方面有待商榷。面对北宋的实际问题，他更多地从减轻负担、废止弊政的角度提出建议，但建设性的改进意见较少。并且，苏轼深受儒家思想的影响，非常强调“民本”，对国家的实际需求和能力考虑不足。虽然深入民间考察民生动态，但对国家财政收支、国防军事建设等事项的认识还不够深刻。受制于时代的因素，苏轼在税收方面的思想与实践未能以政策或制度的形式落实。尽管苏轼曾多次上书阐述其思想，但他一生未能跻身执政之列，也未能获得更加广泛的支持。虽然在为官一方时采取了一些便民利民的新举措，但也未使这些举措固定下来，这使得苏轼的思想更多停留于观点，并未完全推行于实践之中以挽救北宋的统治危机、改善民生状况。然而，这些局限性并不能否定其思想在北宋时期乃至中华文明史上的地位和价值。

“古之立大事者，不惟有超世之才，亦必有坚忍不拔之志。”无论是人格、才气还是思想，苏轼足以称得上是一世之杰，他的故事也因此传唱了近千年。执着于人生而不执着于得失、热衷于事业而不热衷于虚名的价值观和道德观，使苏轼能够始终坚持为国为民，对天下百姓充满深深的热爱。即使遭遇坎坷，也能做到尽职尽责、心系天下，居卑位而无怨悔，不计个人得失进谏忠言，力所能及地为国分忧。虽然苏轼在财税史上远远没有取得像文学史上那样高的地位，但苏轼的道德修养和精神境界无疑是当代广大干部的表率，其税收思想对今天的税务研究和税收征管工作而言也有着深刻的实践价值。

我们十分有幸能对苏轼的税收思想与实践加以梳理、阐释，并期待能让更多的读者通过本书了解苏轼在财税领域的所思所行。为了尽可能做到全面、准确、客观，我们广泛查阅古籍文献等史料，深入学习当代研究成果。

同时，阚洪同志（国家税务总局眉山市税务局四级高级主办、四川省眉山市国际税收研究会秘书长）凭借自己丰富的历史知识、税收知识和深厚的写作功底，为本书统稿，在文字风格、结构处理、语言表达、逻辑管理等方面把关，使本书更加显亮增色。

总之，本书是多人智慧的结晶，是校地合作的杰作。但因编者学术水平所限，本书可能存在欠妥或错漏之处，还望读者海涵，不吝批评指正。

编　者

2022 年 1 月